扬雄研究系列丛书

扬雄《法言》思想研究

【修订版】

郭君铭 著

巴蜀书社

目 录

序

扬雄是两汉之际著名哲学家、文学家、语言学家和天文学家，有《太玄》《法言》《方言》三部著作和多篇赋文传世。他在推进儒学道统的建立，融会《易》《老》诸方面卓有贡献。其主要哲学著作《太玄》《法言》分别模仿《周易》与《论语》而作，但仍不失为一种创造，当时就受到桓谭等人的称赞。

在历史上，人们对扬雄的评价，褒贬不一。宋代之前，他与汉代另一位大儒董仲舒并称"董扬"，在儒学史上占有重要地位，但宋以后，又多遭人非议，这在中国思想史上是一个较为奇特的现象。

近年来，虽然学界对扬雄的研究取得了不少成果，但与对董仲舒、王充等人的研究相比较，还是两汉思想史研究中一个相对薄弱的环节。就有关扬雄的研究而言，也还存在一个较为突出的问题，那就是重《太玄》而轻《法言》。即使就《法言》本身的研究来看，以往学者也主要集中在版本考证和文句疏解上，缺乏对其思想的深入阐释和分析。郭君铭同志的《扬雄〈法言〉思想研究》一书，可以说填补了这一研究领域的空白。

《法言》是扬雄晚年作品。他针对当时思想界“诸子各以其知舛驰”的混乱局面和司马迁撰写《史记》“不与圣人同是非，颇缪于经”的做法，“用法应之”，欲重树儒家价值标准。《法言》内容丰富，涉及哲学、历史、文学和自然科学等诸多领域，是一部具有时代意义、富有思想价值的学术著作，是我们研究扬雄思想、了解汉代学术史和儒学史的重要材料。

郭君铭博士在北京师范大学攻读博士学位期间，潜心钻研扬雄著作，对《法言》多有心得。他的论文《扬雄〈法言〉思想研究》，从阐发《法言》思想入手，揭示扬雄作品间的内在联系，力图挖掘出隐藏在文句背后的内在精神。君铭博士本着“了解之同情”的原则，从扬雄生活的历史文化环境着眼，在深入分析文献的基础上，以流畅的笔触对扬雄的“成圣之志”进行了细致的梳理和深入的研究。这突破了以往学术界对“知识型人生态”的一般看法，不仅建立了对扬雄思想的历史把握，而且发现了扬雄区别于同时代知识分子的独特心态。本书对近年来的扬雄思想研究有所突破，令人欣慰。

郭君铭博士在本书中梳理了《法言》全书的内在逻辑，并联系当时的学术背景和扬雄其他著作中的思想，深入挖掘《法言》的思想内涵，提出了不少有新意的见解。比如，关于扬雄的人性论思想，他认为扬雄的人性论是在孟、荀善恶分殊的基础上向孔子的回归；在民族问题上，他指出扬雄继承并发展了公羊学“华夷之辨”的思想，主张向民族地区传播中原礼乐文化，等等。这些观点均发前人所未发。作者的立论均有充分的史料予以支撑，实乃可以信从的一家之言。全书史料翔实，结构严谨，逻辑缜密，评析得当，语言畅达，表现出作者严谨的学风和较为坚实的理论功底。

我们有理由充分相信，本书的出版，必将对进一步推进扬雄思想研究、两汉思想史研究乃至整个儒学史研究，起到重要作用。我也衷心希望君铭博士心不旁骛，继续刻苦钻研，取得更多的学术成果。

郑万耕

2006年6月

引言

扬雄是两汉历史，乃至中国历史上一位非常有特色的人物。在两汉经学繁荣的大背景下，他独立“拟经”撰述，留下了大量的作品；他虽“不汲汲于富贵，不戚戚于贫贱”（《汉书·扬雄传》），却又栖身朝堂，甚至做过新莽政权的大夫。扬雄在世时，有人对他冷嘲热讽，也有人与他友善，从其学业。这些在一般意义上互相矛盾、冲突的品性，都不可思议地集中在扬雄一人之身。

在他身后，有人称颂其为“圣人”，也有人对他大加贬斥。综观后人对扬雄的评价，凡是褒奖、颂扬他的人，多是肯定他的才华和思想的价值，批评扬雄的人，多抓住他曾仕莽这一“名节”问题，先否定其人，进而否定其学说，其中，以朱熹斥扬雄“莽大夫”为甚。概而言之，自东汉至唐，扬雄一直被人称道，宋初达到顶峰。至南宋朱熹贬斥扬雄之后，对扬雄持否定态度者居多，直到民国时期的章太炎亦对扬雄颇不以为然①。

生前诸多的令人费解之处和后世评价的大起大落，使扬雄成为一位颇具争议性的思想家。不管封建时代的学者，还是现当代研究者，为拨开扬雄身上的层层迷雾，提出了种种解说与推测，但好像越争论，问题越复杂。

这些围绕扬雄的是非争论，愈发加重了这位古代思想家在人们心目中的神秘色彩。

一　现代学术视阈中的扬雄及《法言》

20世纪初至新中国成立前，对扬雄的研究基本集中在版本、文句考据的范围之内。查方克立先生主编的《中国哲学史论文索引》，从1907年刘师培发表《〈法言〉补释》开始，到陆侃如1947年在《大公报》上发表《扬雄与王音、王根、王商的关系（中古文学系年的一段）》一文为止，共有研究扬雄论文24篇，其中仅8篇专论《法言》，而且全部是围绕着汪荣宝的《法言义疏》进行考据。“文革”前，研究扬雄的论文有6篇，只有白寿彝先生的《跋扬雄〈法言〉卷十、卷十一》一篇札记涉及《法言》。“文革”以后，学术研究日趋活跃，各类哲学史、思想史论著中大都有涉及扬雄的内容，对扬雄的研究也逐渐深化。据笔者不完全统计，各类学术刊物上发表的有关扬雄的论文，有70余篇。

封建时代的学者们所关心的问题，多集中在扬雄与新莽的关

---

① 参见杨世明《扬雄身后褒贬评论考议——林贞爱〈扬雄集校注〉序》，《四川师范学院学报》（哲学社会科学版）2001年第2期。

系上。现当代的学者在研究扬雄思想时，虽不可避免地要谈及扬雄与王莽关系这一话题[①]，但关注的焦点已不在这里。学者们研究扬雄的思想，主要围绕着哲学定性，学派归属等话题展开讨论，或认为扬雄的思想有唯物主义因素，或认为属于唯心主义体系，甚至有论著指出扬雄的思想有二元论特征。关于学派归属，有人强调扬雄的儒家本位立场，也有人意欲突出其道家思想的特征。就《法言》一书，学者们主要围绕着以下几个问题展开讨论：一，扬雄和今文经学以及谶纬迷信风潮的关系。大家都强调了在今文经学奉守章句、严尊师法的学术背景下，扬雄的“拟经”本身就是一种对经学权威的挑战，具有进步意义。冯友兰先生的研究意在彰显扬雄思想和刘歆古文经学运动的联系[②]；也有人提出，从学术渊源和思想特征上考察，扬雄的思想属于今文经学的“礼仪派”[③]。扬雄对今文经学灾异思想和谶纬迷信的批判基本得到了大家的公认，但在扬雄无神论思想的程度上，学者们众词不一。二，“性善恶混”的人性论。过去学者们多数认为扬雄的人性论是对孟子性善论和荀子性恶论的综合，与董仲舒的性三品说大致相仿；后来有学者指出，扬雄的人性论实际上等同于荀子的性恶论[④]；也有文章指出扬雄的人性论受到了道家混沌思

① 如吴则虞在《哲学研究》1957年第6期发表《扬雄思想平议》一文，文章认为，《太玄》和《法言》不只是讨论哲学问题的论文，是扬雄和黑暗政治势力进行战斗的檄文。

② 冯友兰先生在两卷本《中国哲学史》和《中国哲学史新编》中，把扬雄和刘歆同放在“古文经学”目下。

③ 参见王青《扬雄评传》，南京大学出版社，2000年版，第三章，第一节。

④ 参见郑文《扬雄的“性善恶混”论实际是荀况的性恶论》，《西北师大学报》（社会科学版）1997年7月。

想的影响，是儒道结合的产物[1]。三，“尚智”论。在《汉代思想史》一书中，金春峰先生对《法言》给以充分的肯定，其立论的根据就是强调《法言》在模仿中体现了理性主义的精神；还有一些论著，从认识论意义上发掘“尚智”论的内涵和意义。四，对诸子之学的批判。张岱年先生即认为《法言》一书“是对诸子批评儒学的反批评”[2]；也有学者进一步分析扬雄的言论，指出扬雄对诸子的态度有别，他在批判诸子的同时对诸子思想又有所吸取。其中，郑万耕先生指出，扬雄在斥申韩的同时，对法家思想亦有所吸取[3]。五，人物品评思想。徐复观先生最早指出，《法言》的《重黎》《渊骞》两篇是模拟《春秋》经而作，其意在仿效孔子以褒贬为后世立人极[4]。《法言》对人物评论中所体现的儒家正统思想，通过班固的《汉书》影响了封建正统史学观，这一事实已得到公认。在此基础上，郑万耕先生撰文指出，扬雄对历史人物的评价，是以儒家道德规范为标准，又辅之以道家思想的尺度，“简单地以为扬雄历史观是‘正宗儒学的观点’，未免失之偏颇。”[5]

到目前为止，尽管对扬雄的研究没有成为学界热点，但还是取得了不少成果。尽管如此，和董仲舒、王充等同时代的思想家

---

① 参见李英华《“第二部〈论语〉”——〈法言〉述评》，《孔子研究》1997年第2期。

② 《扬雄评传》，《张岱年全集》第五卷，河北人民出版社，1996年版，第516页。

③ 郑万耕：《扬雄及其太玄》，台北：蓝灯文化事业股份有限公司，1992年版，第270页。

④ 徐复观：《两汉思想史》第二卷，华东师范大学出版社，2001年版，第308页。

⑤ 郑万耕：《扬雄的史学思想》，《史学史研究》1998年第2期。

的研究相比，扬雄研究还是汉代思想史中一个较为薄弱的环节。

笔者认为，在扬雄思想研究中，存在着一个最突出的问题是重《太玄》轻《法言》。《太玄》驰骋于形而上的玄远，哲学味道更为浓重一些；而《法言》则更多地论述现实政治、社会历史和伦理问题。不少学者对《太玄》表现出了较为浓厚的兴趣，而把《法言》仅作为说明《太玄》思想的补充材料。这种做法一来不能突出《法言》的独立地位，二来不利于深入揭示《太玄》与《法言》各自在扬雄思想体系中的地位以及二者的逻辑关系。又，受传统研究思路和模式的影响，学者们更多地关注于扬雄思想的哲学定性，相对忽略了对扬雄思想体系内在结构的分析。如要对扬雄思想体系的内在结构和逻辑进行剖析，则《法言》是非常重要的一个环节。遗憾的是，《法言》的重要性并没有得到充分的重视，台湾学者蓝秀隆所著《杨子法言研究》一书，是笔者见到的唯一一本《法言》研究专著。而蓝氏此书，大量的篇幅用于《法言》版本的考证和文句的比对，缺乏对其思想的阐释与分析，在一定意义上是一部史料性著作。有关《法言》的论文，也大都是就某一个问题，以特定的视角来展开论述，全面研究分析之作为数寥寥。

总之，对《法言》的研究，是扬雄研究，乃至汉代哲学研究的一个相对薄弱的环节。这一现状与扬雄在汉代乃至中国哲学史上的地位是不相符的，与《法言》在汉代思想史上的地位也是不相称的①。对《法言》的进一步研究十分必要。

① 班固在《汉书·扬雄传》中称，《法言》成书四十余年后“大行”于世。

二 《法言》及其在扬雄思想体系中的地位

传世的《太玄》《法言》和《方言》，是三本风格迥异的著作，以至于看上去不像出自一人之手。不同著作中的不同内容和风格，是扬雄给人神秘之感的一大原因。和《太玄》《方言》相比，《法言》的内容显得较为丰富，除了哲学思想之外，还涉及政治、经济、自然科学、文学艺术、军事、古今人物、历史事件、诸子百家和古典文献等各个方面，几乎涵盖了当时知识界的所有领域。尽管内容略显庞杂，但《法言》的基调和主旨还是很清晰的。正如扬雄自己所云，此书是针对当时思想界“诸子各以其知舛驰”的混乱局面，意欲以圣人之道为标准，重建价值体系之作。

徐复观先生分析扬雄学术和创作的转变时认为：从辞赋到《太玄》是扬雄思想的向前伸展，从《太玄》到《法言》，则是扬雄思想的大反省①。韦政通先生则认为：扬雄在中年以后，也就是思想定型之后，他的所有努力都围绕着振兴儒学。《太玄》只是实现这一目的的重要过渡，而《法言》则是他一生学术思想的总结②。徐、韦两位先生的思路虽然不尽相同，但有一点是相通的——都强调《法言》在扬雄思想体系中具有独立的地位。如果我们综合起来看扬雄著作之间的关系，《太玄》显然具有形而上学的意义，是扬雄的世界观，《法言》显然表述了他的社会政治观。《太玄》和《法言》构建起了扬雄完整的理论体系，而《方言》则是传播这一新思想体系的工具（详见第四章第三节），三

① 徐复观：《两汉思想史》第二卷，华东师范大学出版社，2001年版，第307页。

② 韦政通：《中国思想史（上）》，上海书店，2003年版，第341页。

部著作展现给读者的，是扬雄为天地立心、为人世立法的气魄和教化民众的雄心壮志。

已故思想史家张恒寿先生曾指出，评价历史上一个哲学家，应该首先考察他的社会历史理论。张先生认为，“从逻辑上说，一个人的社会观、历史观是从世界观上推出来的，但从实际上说，一个人的世界观却往往是根据他的社会观构成的。特别是在自然科学没有成为社会上绝对普遍承认的真理以前，古代思想家的世界观，往往是为他的社会观服务，而不是他的社会观为他的世界观服务。”① 张先生的论断可谓精辟之极。在现代学术范式的视阈中，一个思想家的世界观无疑具有哲学的意味，从而受到研究者的青睐，然而，从中国古代学术自身的特点来看，形而上思辨所追寻之“道”，几乎无一不落实于现实人生和历史社会之中。中国哲人，尤其是儒者的品位，固然表现于窥探体用之间“显微无间”的贯通，但这些“极高明”之理，终归要落实到“日用而不知”的寻常之中。如果这样看，似乎《法言》应该是我们探寻扬雄思想指归的重要依据。

《法言》属于语录体著作，乍看起来不免给人散乱之感，加之扬雄遣词用字的怪僻，古人就曾感叹此书“简而奥”。我们如何解读这本简奥之书？如何理出《法言》文句之中的思想脉络？

苦苦思索这些问题，总不能得其要领。迷茫之际，霍然想起陈寅恪先生的一段经典妙论。陈先生在《〈冯友兰中国哲学史〉审查报告》中曾说：

---

① 张恒寿：《关于中国哲学史中唯心主义与唯物主义斗争和阶级斗争关系问题》，《中国哲学史问题讨论专辑》，哲学研究编辑部编辑，科学出版社，1957 年版，第 152—153 页。

> 凡著中国古代哲学史者，其对于古人之学说，应具有了解之同情，方可下笔。盖古人著书立说，皆有所为而发；故其所处之环境，所受之背景，非完全明了，则其学说不易评论。而古代哲学家去今数千年，其时代之真相，极难推知。吾人今日可依据之材料，仅为当时所遗存最小之一部；欲藉此残余断片，以窥测其全部结构，必须备艺术家欣赏古代绘画雕刻之眼光及精神，然后古人立说之用意与对象，始可以真了解。所谓真了解者，必神游冥思，与立说之古人，处于同一境界，而对于其持论所以不得不如是之苦心孤诣，表一种之同情，始能批评其学说之是非得失。①

陈先生的这段话素为治中国哲学史者之津逮。我们探索扬雄思想，解读《法言》，就要用心于文献细微处的蛛丝马迹，沉潜于汉代的历史文化氛围之中，致力神游于扬雄的思想境遇之内，谋求与其精神的契合。唯其如此，才能得其神韵，读出那些看似互不关联的文句背后的意蕴。

就让我们对扬雄做一次“了解之同情”的研究尝试吧。

① 冯友兰：《中国哲学史》下册，华东师大出版社，2000年版，第432页。

第一章　扬雄的生平

扬雄，字子云，生于汉宣帝甘露元年（前 53），卒于新莽天凤五年（18），是西汉后期著名的思想家、文学家、语言学家和天文学家。

扬雄出生在蜀郡一个周室贵族后裔的家庭。他早年师从西汉末期著名隐士严君平，既受其以道家思想精华立本的影响，又受其儒家伦理理念的熏染，故而形成了自己独特的知识结构和超凡脱俗的人生态度。他清淡柔顺“恬于势利”，却又积极进取、志向远大，恬淡与进取这两种看似矛盾的人生态度，在扬雄身上却得到了有机的统一。

很可能受蜀地以赋扬名风气的影响，扬雄早年热衷于辞赋创作，其作品文辞华丽、瑰玮绚富、意蕴深刻、志隐味深。他的赋文之中，洋溢着追比圣贤的激情。

可能为了能够开阔视野，也可能为了寻找晋身入仕、一展身手的机会，扬雄在三十多岁时离开偏僻的家乡，来到了京城。到京后，他的才华受到大司马车骑将军王音的赏识，被王音招为门下史。后来，经王音和杨庄的推荐，扬雄得以“待诏承明之庭”，能够多次随皇帝出巡，并受到汉成帝的赏识，受任为黄门侍郎，由此进入仕途。他利用亲近皇帝的机会，多次奏赋对成帝提出委婉的讽谏，规劝成帝整饬德行、爱惜民财、发愤图强，希望通过讽谏影响皇帝来实现自己的社会政治理想。在以辞赋讽谏的道路被阻断后，他并没有因此而消极颓丧、避世归隐，反而树立了更为崇高的目标——潜心著述，为天地人世立法。

扬雄博闻沉潜，好学精思。他吸收融会当时天文、历法等最新成果，贯通天人古今，以儒家经典为蓝本，以当世圣人为担当，站在新时代高度，力图构建新的儒学理论体系，创作出流传千古之经典文章。

第一节　家世及入京前的经历

一　扬雄家世

《汉书》卷八十七的《扬雄传》，是我们了解扬雄生平的主要材料。《扬雄传》全文由两部分组成，前一部分为扬雄的《自序》，“赞曰”之后的内容为班固的赞语。扬雄自作的《自序》文笔简约，班固赞语补充了《自序》记载的一些缺略，同时收录了时人对扬雄的评述。

据《汉书·扬雄传》的记载，扬雄的祖先是周室的支裔，最初被封邑于晋地“河、汾之间”一个叫做“扬”的地方，因而以地为氏，姓“扬”。

扬雄的姓氏是一个有争议的问题。遍考各种史籍，扬姓之字或从手、或从木不一，甚至有的文献中从手从木互见。段玉裁、王念孙和朱骏声等人认为扬雄之姓当为从木“杨”，“扬”为误字，蓝秀隆也坚定地认为扬雄的姓应是从木“杨”[1]；汪荣宝认为两字均可，所谓：“同声通用，古书常例，托名标帜，尤无正假可言。谓雄姓从手，与‘杨’不同，斯为妄论；必以作‘扬’为谬，亦乖通义。”[2] 徐复观对这一问题详加考证，他指出从手“扬”较之从木“杨”早出，而西汉时从木“杨”姓才开始兴盛。他的推断是：扬雄祖先本姓“杨”，后为避仇改姓“扬”，“扬”当为正字[3]。徐复观的推断考虑较为周详，但细究起来，不免让人觉得过于曲折。既然从手“扬”早出，《汉书》本传中扬雄对祖先“以地为氏”的交代非常清楚，又扬雄字“子云”与“扬”形成互映，扬雄之姓为从手“扬”无疑。至于史籍中的纷乱，是因为西汉以后，从手“扬”较之从木“杨”为小姓，不为世人广知，所以著书与刊刻者多有误将“扬”字作“杨”者，故起纷乱。所谓“避仇改姓”之说，未免有画蛇添足之嫌。

扬雄的五世祖扬季，曾官至庐江太守。在元鼎年间（前116—前111），扬家为避仇而屡次迁居，最后定居蜀郡成都。

扬雄的籍贯也是一个有争议的问题。《本传》称扬雄“蜀郡成都人也”，又称扬氏祖上为避仇“溯江上，处岷山之阳曰郫”。几乎前后相邻的这两处表述，引起了后人的扬雄故里之争。明清两代编修的《郫县志》都把扬雄作为郫县人加以收录，清同治年间所修《郫县县志》还提到郫县境内有扬雄墓和子云亭。北宋高惟几作《扬子云宅辩记》，文称：“岷山去成都五百里，有岷山县，江源所起也。……郫去成都四十里，则郫不在岷山之阳明矣。”以

① 蓝秀隆：《杨子法言研究》，文津出版社，1989年版，第206—214页。

② 汪荣宝：《法言义疏》，中华书局，1987年版，第4页。

③ 徐复观：《两汉思想史》第二卷，华东师范大学出版社，2001年版，第274—276页。

为《汉书·扬雄传》所载“处岷山之阳曰郫”是“史氏务广载备言捃抉之舛”。高惟几还举《蜀记》所载扬雄宅地址与《县志》所载废址符合、《益州图经》有扬雄坊而郫无扬雄宅等据，最后作出结论：“是知季五世传一子，世世为成都人也。”现在我们能看到的有关扬雄的论著，或称扬雄为“蜀郡成都人”，或称其为“郫县”人。“巴蜀文化系列丛书”之一的《巴山蜀水圣哲魂——巴蜀哲学史稿》，对以上两说采取了融通的办法，认为“扬雄应是郫县人。成都为蜀郡郡治所在，扬雄青少年曾在成都求学，大约因为这些原因，班固说他是成都人”①。问题是，在两汉时期，成都和郫县都是蜀郡所辖之县，是行政上的平级单位，《汉书·地理志》：“蜀郡，秦置……，县十五：成都、郫、繁、广都、临邛、青衣、江原、严道、绵虒、旄牛、徙、湔氐道、汶江、广柔、蚕陵。”《后汉书·郡国志》：“蜀郡，秦置，十一城……成都、郫、江原、繁、广都、临邛、湔氐道、汶江道、八陵、广柔、绵虒道。”郫县在当时的知名度应该不在成都之下，如果扬雄的故里在郫县，他没必要在《自序》中说自己是“蜀郡成都人也”。四川学者孙琪华在《文史杂志》2002年第2期发表《杨雄故里问题之我见》一文，文章指出：《汉书·扬雄传》中所谓“处岷山之阳曰郫”的“郫”指的是流经成都境内的郫江，与郫县无涉。他认为，扬雄高祖扬季于元鼎间溯江而上，来到成都，定居于成都少城石牛门外市桥畔，郫江之滨，所以，扬雄应该是成都人。孙文资料翔实，考核详密，解决了有关历史文献中的一些歧义，立论较为稳妥，本文采纳孙琪华的观点，以成都为扬雄的故里。

---

① 黄开国、邓星盈：《巴山蜀水圣哲魂——巴蜀哲学史稿》，四川人民出版社，2001年版，第46页。

自扬季之后，扬家五世单传，到扬雄时，扬家已是“亡他扬于蜀”的细门孤族了。迁居成都之后，扬家“有田一廛，有宅一区，世世以农桑为业”。廛，颜师古注引晋灼曰：“一廛，一百亩也”，又《周礼·地官·司徒》：“夫一廛，田百亩。”拥有百亩之田，在西汉属于典型的自耕农的家庭，家境并不富裕。到扬雄的时候，扬家的境况更为拮据，“家产不过十金，乏无儋石之储”。“家产不过十金”，据韩敬先生的分析属于当时的“中民”水平①。

虽然家境窘困，但扬雄自幼好学，且志向远大。《本传》称：“雄少而好学，不为章句，训诂通而已，博览无所不见。”“不为章句，训诂通而已”，说明扬雄在博览各种典籍时，不像汉代经生们一样严格按师法、家法理解，而是力求读懂弄通，掌握精神实质；“博览无所不见”是说扬雄的学习兴趣广泛，涉猎面非常广，这为他以后在众多领域都有所建树打下了坚实的基础。因为没有受“章句之学”的影响，扬雄得以形成独立思考的习惯，这使得他能够对当时虚浮、烦琐学风的种种弊端有清醒的认识。

二　严君平对扬雄的影响

严君平，蜀郡成都人，本姓庄，名遵，字君平，班固作《汉书》时，为避汉明帝刘庄讳，改“庄”为“严”。他是西汉末期著名隐士。据《汉书·王贡两龚鲍传》记载，严君平“博览亡不通”，是一个非常博学的人，有《老子指归》一书传世。扬雄年轻时，曾经师从严君平“游学”，深受其影响。进京入仕以后，

① 参见韩敬《法言注》，中华书局，1992年版，第1—2页。

扬雄多次向当朝的官员、学者称赞严君平的德行。他在自己的著作中，多次提到严君平，给以很高的评价。严君平对扬雄的影响表现在知识结构和人生态度两个方面。

严君平对以老庄为代表的道家学说有很深的造诣。《汉书》本传记载，他每日"闭肆下帘而授《老子》"，向学生讲解传授道家理论，而且"依老子、严周之指著书十余万言"。严君平所著之书，就是传世的《老子指归》。在《老子指归》中，严君平融会《周易》和《老子》的思想，提出了一个独具特色的天地起源理论。扬雄在《太玄》中所描述的宇宙形成论就深受严君平天地起源论的影响①。严君平在《老子指归·君平说二经目》中分《老子》为上下二经，"上经配天，下经配地。阴道八，阳道九，以阴行阳，故七十有二首。……智者见其经（效），则通乎天地之数、阴阳之纪、夫妇之配、父子之亲、君臣之仪，万物敷矣"。扬雄拟《易》作《太玄》，以"首"命名他拟卦所作的八十一个符号，很有可能是受严君平这些思想的影响②。

虽说严君平以道家学说名世，但他的思想中也有很多儒家思想的成分。史书记载，他在成都以卜筮为业，"裁日阅数人，得百钱足自养"。他曾经对人说："卜筮者贱业，而可以惠众人。有邪恶非正之问，则依蓍龟为言利害。与人子言依于孝，与人弟言依于顺，与人臣言依于忠，各因势导之以善。"（《汉书·王贡两龚鲍传》）卜筮只是严君平谋生的手段，他利用人们询问吉凶祸福的机会，在"言利害"的同时，宣讲忠孝仁义等儒家道德，劝

① 参见郑万耕《扬雄及其太玄》，台北：蓝灯文化事业股份有限公司，1992年版，第131—132页。

② 参见黄开国、邓星盈《巴山蜀水圣哲魂——巴蜀哲学史稿》，四川人民出版社，2001年版，第33—34页。

人改恶向善，从而达到“惠众人”的目的。由此可见，他对儒家的道德伦理思想是非常熟悉和认同的。

在《老子指归》中，严君平以黄老之学为主，阐述了无为而治的政治思想。按照传统的道家观点，儒家所强调的礼、义、忠、信等伦常纲纪是道德败坏的产物，但严君平认为，无为而治的必然结果应该是伦常纲纪的井然不紊，所谓：“治之于家，则夫信妇贞，父慈子孝，兄顺弟悌，九族和亲”；“治之于乡，则睹纲知纪，动合中和，名实正矣；白黑分明，曲直异理；是非自得，奸邪不起”；“治之于国，则主明臣忠；……道德有余，与天为常”（《老子指归·善建篇》）。此外，严君平还反复申说重民思想，如：

> 人之生也，悬命于君；君之立也，悬命于民。君得道也则万民昌；君失道也，则万民丧。万民昌则宗庙显，万民丧则宗庙倾。故君者，民之源也；民者，君之根也。根伤，则华实不生；源衰，则流沫不盈。上下相保，故能长久。（《老子指归·天下有道篇》）
>
> 古之将民，何弃之有？桀纣之吏，可令顺信；齐楚之卒，可令顺善。故能得其心，天下可有；不得其意，妻妾不使。（《老子指归·万物之奥篇》）
>
> 天下骚骚，不遑其亲；追习纤纤，务顺其君。故和五味以养其口，肥香甘脆，不顾群生；变五色以养其目，玄黄纤妙，不计民贫；调五音以养其耳，极钟律之巧，不忧世淫；高台榭，广宫室，以养其意，不惧民穷；驰骋田猎，以养其志，多获其上，不顺天心。凡此数者，非以为善务也，以悦其君也。（《老子指归·为学日益篇》）

第一段材料指出君民关系是一种依存关系，君主只有重民才能永保宗庙；第二段材料把人心的向背视为政治成败的关键，也就是儒家常说的“得民心者得天下，失民心者失天下”；第三段材料批评统治者的穷奢极欲。贯穿这些材料之中的是以民为本的思想，我们不难从中看出他对儒家伦理价值体系的认同。如此鲜明的立场不可能不对扬雄产生影响。扬雄的儒家本位立场，和严君平在伦理思想上的儒家特征应该有一定的联系。

总之，从知识构成上看，扬雄从严君平那里既受到了道家思想的影响，又接受儒家伦理思想的熏陶，扬雄自己思想的主体则是儒家的。张岱年先生对此曾有精辟的分析：“扬雄崇尚老庄之自然思想，实系受严君平之影响。……惟严氏以老庄为归，而扬氏以孔孟为宗，其所重者不同。”[1]

严君平对扬雄人生态度的影响，我们需要做一些具体的分析。扬雄的人生态度中确实有清静的一面，他“为人简易佚荡，口吃不能剧谈，默而好深湛之思，清静亡为，少嗜欲，不汲汲于富贵，不戚戚于贫贱，不修廉隅以徼名当世”（《汉书·扬雄传》）。这种人生态度的形成，除了扬雄个人先天素质、性格等因素之外，很可能与严君平的影响有一定关系。但扬雄不仅没有像严君平那样选择隐遁的生活，而且明确反对隐逸离世的做法。他认为“圣人乐陶成天下之化……故不遁于世，不离于群。遁离者，是圣人乎？”（《法言·先知》）正如班固评述的那样，扬雄“实好古而乐道，其意欲求文章成名于后世”（《汉书·扬雄传·赞》）。扬雄在早年求学过程中就表现出来了“自有大度”的一

① 《中国哲学大纲》，《张岱年全集》第二卷，河北人民出版社，1996年版，第18页。

面，他“非圣哲之书不好也；非其意，虽富贵不事也”（《汉书·扬雄传》）。和时人汲汲惶惶于功名利禄的追求不同，扬雄所追求的是能够名垂青史的大功名。恬淡与进取这两种看似截然相反的人生态度，在扬雄身上得到了有机的结合。从他壮年以后的经历看，扬雄虽然“恬于势利”，但并没有放弃对功名的追求，积极进取的精神始终在扬雄身上有所体现。纵观扬雄的一生，积极进取是扬雄人生态度的主要方面，恬淡柔顺只是其立身处世的特点。

早在入京之前，扬雄就树立了远大的志向——追比圣贤，这可以从他早年的辞赋创作中窥见端倪。

三　扬雄早年的辞赋创作

蜀郡地区，在西汉时期以涌现出几位著名的辞赋作家而著称于世。武帝时期的司马相如，以其富有传奇色彩的经历和令人仰慕的文采，成为蜀人的骄傲和榜样。扬雄“尝好赋”，他折服于司马相如所做之赋的“弘丽温雅”，“每作赋，常拟之以为式”（《汉书·扬雄传》），把司马相如的赋文作为自己创作的范本，力图追摹。在辞赋的写作上，扬雄表现出了极高的才华。所作之赋，文辞华丽，宏侈巨衍，瑰玮绚富。刘勰称其赋“志隐而味深”（《文心雕龙·体性》），不仅具有文学价值，还有很深刻的思想内涵，耐人寻味。

在进京之前的居蜀时期，扬雄创作了不少赋文。根据扬雄晚年《答刘歆书》中所作的回忆，《县邸铭》《玉佴颂》《阶闼铭》和《成都四隅铭》是他最早的作品，其中表现的文风，和司马相如非常接近。正是因为这四篇作品得到了喜好辞赋的汉成帝的赏识，扬雄才得以被召，开始进入仕途[①]。

在辞赋的创作过程中，扬雄表现出其人生态度中积极向上的一面。他不仅以司马相如为追比的对象，而且敢于挑战另一位辞赋大师——屈原。他深为屈原才高却不为世所容而感伤，每读屈原之文，“未尝不流涕也”（《汉书·扬雄传》）。他反《离骚》之文义作《反离骚》，又依《离骚》重作《广骚》，以《惜颂》《怀沙》等作赋一卷，名曰《畔牢愁》。在这段时间的辞赋创作中，扬雄不仅以辞赋领域内最具影响的大家为追摹的对象，而且敢于对他们进行品评。在《反离骚》的序中，扬雄责怪屈原的轻生之举，认为“君子得时则大行，不得时则龙蛇，遇不遇命也，何必湛身哉！”

扬雄热衷于辞赋创作的动力，可能源自于他的同乡先辈——司马相如和王褒。司马相如因其所作之赋为武帝赏识而被征为郎，两次受遣出使巴蜀，官至中郎将。王褒也是以文采著称于蜀地，因其所作教化歌词受到宣帝的欣赏，得以被召进京，后官至谏大夫。他们两个人经历的共同特点是因文采而闻名，又以文才受到皇帝赏识而拜官。他们的事迹在蜀地产生了巨大的影响，《汉书·地理志下》云：“巴、蜀、广汉本南夷……及司马相如游宦京师诸侯，以文辞显于世。乡党慕循其迹。后有王褒、严遵、扬雄之徒，文章冠天下。”司马相如等人的经历，在选官制度未

① 案：《答刘歆书》中的叙述，杨庄向汉成帝诵读的应该是扬雄的《县邸铭》《玉佴颂》《阶闼铭》及《成都四隅铭》。但《文选·甘泉赋》李周翰注云：“扬雄家贫好学，每制作慕相如之文。尝作《绵竹颂》，成帝时直宿郎杨庄诵此文，帝曰：‘此似相如之文。’庄曰：‘非也，此臣邑人扬子云。’帝即召见，拜为黄门侍郎。”由此看，杨庄推荐的是《绵竹颂》，王青《扬雄评传》即取此说。这一细节问题不是本文关注的重点，姑取扬雄在《答刘歆书》中的说法。

趋严密的西汉时期，为无缘进入中央权力机构的蜀地子弟，指出了一条依靠辞赋以求取功名的晋身之路①。虽然我们不能肯定地说扬雄是为得官而学作赋，但扬雄应该受到了蜀地这股风气的影响，事实上扬雄也是因赋而得以入仕的。

第二节　不容忽视的入京年代和推荐人问题

扬雄在哪一年入京、是否投奔王氏门下、投奔何人、经何人推荐、哪一年待诏和哪一年为郎入仕等问题，因为《汉书》记载过于简略，加之存在明显的歧误，成为历代学者争讼不已的一段公案。这段公案涉及几个时间和人物关系，几个相关的因素交错缠绕在一起，大有说不清、理还乱的意味。历史上，学者们为弥合《汉书》自身的矛盾，提出了种种推测，但这些推测往往顾此失彼，经不住进一步地推敲。至今，还没有一种有足够说服力的、让大家都能接受的意见。

笔者认为，扬雄入京年龄和推荐待诏之人是必须明确的问题，因为这一公案的澄清与否，不仅关乎扬雄生平的史实是否完整、清晰，也是我们能否准确判断扬雄人生态度的一个重要依据。

一　一段公案的由来

在《汉书》本传《自序》部分，扬雄讲：成帝时“客有荐雄文似相如者，上方郊祠甘泉泰畤、汾阴后土，以求继嗣，召雄待

---

① 参见王青《扬雄评传》，南京大学出版社，2000年版，第56页。

诏承明之庭”。这一叙述，与收录于《全汉文》中《答刘歆书》的内容相符，《答刘歆书》中说：“雄始能草文，先作《县邸铭》《玉佴颂》《阶闼铭》及《成都四隅铭》。蜀人有杨庄者，诵之于成帝。成帝好之，以为似相如，雄遂以此得外见。”《汉书》所言之“客”，就是《答刘歆书》中的杨庄。这些材料说明扬雄应该是因杨庄的推荐而被召进京的。

问题出在班固《扬雄传》的赞语对这段史实做了一段补充：

> 初，雄年四十余，自蜀来至游京师，大司马车骑将军王音奇其文雅，召以为门下史，荐雄待诏。岁余，奏《羽猎赋》，除为郎。

扬雄在《自序》中没有提及自己何时、如何除官入仕的问题，班固赞语意在补充扬雄生平的这些重要环节。根据班固的补充，扬雄在被荐“待诏”之后“岁余”奏上《羽猎赋》，因《羽猎赋》而“除为郎”。

班固的补充引起了一连串的分歧。最明显的问题是，推荐扬雄的人成了“大司马车骑将军王音”，这与传文中所记扬雄的入京年龄明显不符。扬雄生于汉宣帝甘露元年（前 53）。查《汉书·百官公卿表》，王音阳朔三年（前 22）任大司马车骑将军，直至永始二年（前 15）去世。此时，扬雄的年龄在三十二岁到三十九岁之间。王先谦在《汉书补注》中引钱大昕的话说：“雄以天凤五年卒，年七十一，则成帝永始四年年始四十有一；而王音之薨乃在永始二年正月，使果为音所荐，则游京师之年尚未盈四十也。”后世学者为解决这一问题提出了各种推测。司马光认为：扬雄待诏奏赋之时“王音已卒，盖王根也”[1]。按司马光的推断，“音”“根”一声相转，“音”为“根”传写之误。但问题并没有因此得到解决。考《成帝纪》及《百官公卿表》，王根为“大司马票（骠）骑将军”始于元延元年（前12）年底十二月，是年扬雄四十二岁。把扬雄的推荐人定为王根，与赞语中“年四十余”是相符了，但与扬雄创作“四赋”的时间又有冲突。

《自序》在“召雄待诏承明之庭”后讲：

> 正月，从上甘泉，还奏《甘泉赋》以风（讽）。……其三月，将祭后土，上乃帅群臣横大河，凑汾阴。……还，上《河东赋》以劝。……其十二月羽猎，雄从。……故聊因校猎，赋以风（讽）……明年，上将大夸胡人以多禽兽，秋，命右扶风发民入南山……雄从至射熊馆，还，上《长杨赋》。

《甘泉赋》《河东赋》《羽猎赋》和《长杨赋》是扬雄著名的“四赋”。《自序》的叙述中省略了年号，从所列月份看，《甘泉赋》《河东赋》和《羽猎赋》作于同一年，《长杨赋》的写奏与前三赋之间有一年的间隔。《自序》对《长杨赋》写作背景的交代，与《成帝纪》中“行幸长杨宫，从胡客大校猎”完全相符。成帝此次“行幸”，事在元延二年（前11）冬。由此推断，《长杨赋》应作于此年。那么，根据《扬雄传》中的“明年”这一时间提示，《甘泉赋》《河东赋》《羽猎赋》最晚应该作于元延元年（前12）的正月、三月和十二月。王根始任大将军在元延元年十二月，他推荐扬雄待诏不可能早于这个时间。在这里，“被荐待诏”

① 《资治通鉴考异》卷一“扬雄待诏”注。

和“应召奏赋”之间至少有一年的时间错位。故而，司马光的“王音为王根之误”说难以成立。

还有一种意见是“王音为王商之误”。陆侃如即持此观点。他认为：“商与音、根同为成帝的母舅，同在‘十侯五大司马’之列，所以班固误记了，那不是后人传写之误。”[①] 据《汉书·百官公卿表》：王音死于永始二年（前15）正月；同年二月，王商任“大司马卫将军”；永始四年（前13）十一月，“王商赐金，安车驷马免”；元延元年（前12）正月，“王商复为大司马卫将军”，十二月，王商“迁为大司马大将军，卒”。王商任大将军期间——永始二年到元延元年，扬雄的年龄在三十九到四十二岁之间。把推荐扬雄者定为王商，能和班固传赞中“雄年四十余”相符，但又出现了另一个严重的问题，那就是推荐者的官职——“大司马车骑将军”和王商所任的“大司马卫将军”“大司马大将军”不符。也就是说，“王音为王商之误”说意味着同时存在两个错误：一，班固记错了人名，或者“商”字在传写中误作“音”；二，班固把“大司马卫将军”或“大司马大将军”错记成了“大司马车骑将军”。在汉代，“大司马”冠不同将军之号，其地位和待遇有着严格的等级差别[②]，班固把这两个差别很大的官职混淆的可能性应该是很小的。所以说，这种意见很难令人信服。

清人周寿昌在《汉书注校补》中提出了另一个解决这一问题的推测。他认为，班固所记扬雄“自蜀来至游京师”的年龄“年

① 陆侃如：《中古文学系年》，人民文学出版社，1985年版，第10页。

② 《汉书·百官公卿表》云：“（武帝）元狩四年初置大司马，以冠将军之号。宣帝地节三年置大司马，不冠将军，亦无印绶官属。成帝绥和元年初赐大司马金印紫绶，置官属，禄比丞相，去将军。”

四十余”，其中“四”应为“三”之误，他还指出造成这一差误的原因是：“古四字作亖，传写时由三字误加一画”所致。如果扬雄三十多岁入京，那么他就可能被王音召为“门下史”并推荐“待诏”。

以上三种意见都是通过调整班固赞语中的一个环节，试图消解文献中相关人物和时间关系的冲突。徐复观反对这样的思路，他认为扬雄的《自序》和班固赞语不可能同时成立，扬雄的《自序》有《答刘歆书》互证，而“班固说法的自身，含有无法调和的矛盾”。在徐氏看来，问题的实质可归结为一点：“大家到底是相信扬雄自己的话呢？还是相信班固含有矛盾的话？”他认为应以扬雄《自序》和《答刘歆书》中的材料为准，推荐扬雄待诏者为杨庄，“若杨庄的推荐未生效，扬雄便无缘到京师”。徐复观还根据《自序》中“客有荐雄”句下紧接着有“上方郊祀……”这一线索，认为“方”字“对时间性表示得非常清楚”，断定扬雄待诏“不能早于元延元年，时年四十二岁”。他还进一步断言，班固赞语中的记载，“乃是由讹传而来的误记”①。

笔者认为，徐复观对扬雄待诏之年的断定有值得商榷之处。其一，徐复观的这一结论，所使用的佐证史料有问题。扬雄待诏之年和他作“四赋”的年代密切关联，因为《自序》中对“四赋”写作的背景、前后关系说得非常清楚，所以，确定待诏之年必须要将所定之年的相关史实与《自序》中的线索对照，而《汉书·成帝纪》应该是首选参照材料。徐复观没有采用《成帝纪》的材料，而是用司马光《资治通鉴》卷三十二“元延二年……三

① 参见徐复观《两汉思想史》第二卷，华东师范大学出版社，2001年版，第277页。

年”的材料[①]。但是，《资治通鉴》中的这部分材料是有问题的，《资治通鉴考异》卷一“元延三年”条有云：

> 《成纪》元延二年冬，行幸长杨宫，从胡客大校猎，宿萯阳宫，赐从。官胡旦用之。按《扬雄传》：祀甘泉河东之岁十二月羽猎，雄上《校猎赋》[②]，明年从至射熊馆还，上《长杨赋》。然则从胡客校猎当在今年，纪因去年冬有羽猎事致此误耳。

可见，司马光是以《扬雄传》为基准，修改了《成帝纪》中的有关记载，以与他认定的“王根推荐扬雄说”相符。徐复观使用这条材料证明扬雄作赋时间，恐怕有循环论证之嫌。其二，徐复观认定班固赞语“乃是由讹传而来的误记”，但他又没有拿出确凿的证据，这种做法未免失之武断。郑万耕先生曾就此问题说：“徐氏并无确证，不宜轻易否定班氏所记。”[③]

如果我们仔细推敲一下，其实班固犯错误的可能性是非常小的。《汉书》中的《扬雄传》最为特殊，在分为上下两卷的长传中，绝大部分篇幅直接引用传主自己写的文章，这说明班固对扬

---

① 参见徐复观《两汉思想史》第二卷，华东师范大学出版社，2001年版，第277页。

② 案：《汉书·扬雄传》原句有两种断法：1.“故聊因校猎，赋以风。”“赋”指《羽猎赋》；2.“故聊因《校猎赋》以风”，照此断法，扬雄所上之赋名，可为《校猎赋》。有关扬雄的论著中，有不少称道《校猎赋》者。但这样和班固赞语不符，而且和历代文集、文选中所列“四赋”之名不符。本文同意第一种断句法，但对有关材料中《校猎赋》的叫法，一仍其故。

③ 郑万耕：《扬雄及其太玄》，台北：蓝灯文化事业股份有限公司，1992年版，第5页。

雄非常尊敬，为扬雄作《传》是非常慎重的。班氏所加“赞语”虽较有些“传赞”为长，但较之扬雄的《自序》却显得很简要，意在补充《自序》中所未述及的生平重要问题。而且“赞语”中所收时人评价以及班固对扬雄的评价，都对扬雄极为推崇。扬雄与班固的祖父和父辈交往甚密，班彪曾称扬雄为“父党”，《汉书·叙传》云：“父党扬子云以下莫不造门。”试想，班固对自己十分敬重的一个人，怎么会随便把“由讹传而来的”事随便写入他的传中呢？

面对这一连串环环相连的问题，以往有关论著，或是取其一说，或是采取存疑的态度诸说并存，还有论著采取置而不论的态度[①]，没有充分重视这一问题的解决与否对于扬雄研究的意义和价值所在。

笔者认为，扬雄入京时的年龄和推荐人问题，直接关系到我们对扬雄人生态度的判断。试想，如果扬雄是在四十岁时才由同乡杨庄推荐而被召进京，那么他进京和入仕就是被动的，我们很容易由此得出扬雄的人生态度是消极面占主导的传统结论；如果他是在三十岁时（所谓而立之年）主动进京，又应召在当时十分显赫的王氏家族门下为史，这显然是在主动谋求仕进[②]，那么，我们对扬雄人生态度的定位，就要应该重新做另外的考量。

---

① 例如，任继愈主编《中国哲学史》（秦汉卷）认为：《汉书》的这段记载“除在时间上有些问题外，基本上接近实际情况”。人民出版社，1985年版，第305页。

② 孔子自述：“吾十有五而志于学，三十而立。”《白虎通·辟雍》：“古者所以年十五入大学者何？以为八岁毁齿，始有识知，入学学书计。七八十五，阴阳备，故十五成童志明，入大学，学经籍。”《汉书·艺文志》云：“古之学者耕且养，三年而通一艺，存其大体，玩经文而已，是故用日少而畜德多，三十而五经立也。”从这些材料看，古人十五岁左右开始接受经典教育，三十多岁时，基本的经典学习完成，是开始把所学知识用于实践，施展抱负的年龄。

二 入京年代的推定

郑万耕先生批评徐复观轻易否定“班固所记”的意见，是非常中肯的。我们对待古代文献，应该尽可能采取“释古”的态度，不宜轻易否定古人的记载。从“释古”的原则出发，同时兼顾《自序》和赞语两方面的内容，我们会发现周寿昌的意见很值得重视。但是，假使周寿昌的推测成立的话，仍然有一个问题需要得到合理的解释——班固在“赞”中称：扬雄被荐待诏后，“岁余，奏《羽猎赋》，除为郎”，这个“岁余”——一年多，最多可以跨两个年头。王音死于永始二年（前15）正月，就算是王音在临死之时推荐了扬雄，扬雄写作和上奏《羽猎赋》的时间最迟也应该在永始四年（前13）。要理清这些头绪，我们需要重新考订扬雄“四赋”的写作时间。

笔者认为，杨福泉在考查这一问题时提出的思路有一定参考价值。他提出应该首先把“四赋”写作的可能时间加以排查，由此明确“四赋”中某一两篇的写作年代，然后根据有关线索确定相关事件发生的具体时间①。参照他的这一思路，我们可以找到一种把《汉书·扬雄传》中的记述误差降低到最小程度的“释古”方案。

“四赋”中《甘泉赋》《河东赋》的写作和上奏，与汉成帝的祭祀活动密切相关。祭祀“甘泉泰畤”和“汾阴后土”是武帝时确立的重要祭祀活动，据《汉书·郊祀志》的记载，汉成帝初即位时，匡衡等人奏言，认为这一活动“吏民困苦，百官烦费，劳

① 参见杨福泉《扬雄至京、待诏、奏赋、除郎的年代问题》，《上海大学学报》（社会科学版）2002年第1期。

所保之民，行危险之地，难以奉神灵而祈福祐，殆未合于承天子民之意”，建议取消，成帝采纳了这一建议，罢“甘泉、河东祠”。但成帝晚年忧无继嗣，又于永始元年（前16），“复甘泉泰畤、汾阴后土如故”，并且多次行幸甘泉、河东，郊祀天地，以求获佑。《甘泉赋》《河东赋》的写奏，就发生在这一背景之下。《成帝纪》所载，共有四次“正月，行幸甘泉，郊泰畤”“三月，行幸河东，祠后土”，与扬雄《自序》中的线索相符。这四次分别：永始四年（前13）、元延二年（前11）、元延四年（前9）和绥和二年（前7）。因为我们可以根据《成帝纪》中“行幸长杨宫，从胡客大校猎”的记载确定《长杨赋》作于元延二年，故而首先可排除元延四年和绥和二年这两个时间。《长杨赋》和“四赋”中前三赋之间有一年的时间间隔，又可排除掉元延二年，所以，《甘泉赋》《河东赋》应该作于永始四年，是年，扬雄四十一岁。以这一年为基准，基本可以把与扬雄待诏奏赋的一系列相关事件的时间关系理清楚。

根据《自序》，《羽猎赋》与《甘泉赋》《河东赋》作于同年——永始四年（前13）。成帝羽猎出巡是在此年十二月，扬雄写《羽猎赋》当在羽猎之后，奏赋又当在写赋之后——即永始四年和元延元年（前12）之交，岁末年初之时。这个“岁末年初”的把握，在事隔多年之后很有可能出现误差，扬雄很可能是把奏上《羽猎赋》的时间记成了元延元年（前12）。依此为基准，《自序》所谓“明年”——元延二年，正好是写作《长杨赋》的时间。这样一来，《自序》与《成帝纪》的记载就不存在矛盾了。扬雄是在永始四年和元延元年之交写成并奏上《羽猎赋》，因此赋受到成帝赏识而除为郎。元延二年（前11），扬雄写成《长杨赋》。

再看班固“赞语”中这段话：王音“荐雄待诏。岁余，奏

《羽猎赋》，除为郎”。奏《羽猎赋》之前一年多，是永始三年（前14）。王音死于永始二年（前15）。班固把王音推荐扬雄“待诏”和扬雄“除为郎”时间间隔说成“岁余”，很有可能是疏误所致。相比之下，两个事件的间隔时间要比一个重要人物的人名和官职更容易记错。另外，还有另一种可能，那就是班固为了突出扬雄被荐后很快便得到成帝赏识，所以有意把时间说短，“岁余”一词在这里带有夸张的意味，不是一个精确的时间概念。

王音的推荐只是使扬雄获得了“待诏”的资格，扬雄最终得以待诏的身份随成帝出巡，很可能还靠了杨庄的再一次推荐。杨庄推荐扬雄的时间应该是永始三年（前12），朝廷正在为第二年——永始四年（前13）的郊祀活动做准备的时候，这就是《自序》中所说的“上方郊祠甘泉泰畤、汾阴后土”之时。这里的“方”是“将要”的意思①。成帝好辞赋，每逢重大活动，都要召集文学之士为之歌功颂德，杨庄正是利用这一机会向成帝举荐扬雄之文，使扬雄得以“待诏承明之庭”并随行出巡。

综上所述，《汉书·扬雄传》中扬雄的《自序》和班固的“赞”文并非互相矛盾，可以并存互补。“赞”文说“年四十余”，

① “方”字在古汉语中用作副词时，可有多种用法，表达不同的时态，非常灵活。既可做“方始”“方才”解，如：《诗·大雅·公刘》：“弓矢斯张，干戈戚扬，爰方起行。”朱熹《集传》释曰：“方，始也。”也可用于表示正在进行时，如：《左传·定公四年》：“国家方危，诸侯方贰，将以袭敌，不亦难乎？”又《史记·陈涉世家》：“燕人曰：‘赵方西忧秦，南忧楚，其力不能禁我。’”还有一种不常用的情况，那就是表示将来时，如：《诗·秦风·小戎》：“方何为期，胡然我思之？”马端临《通释》解释说“方之言将也”。荀悦《汉纪·高祖纪》：“信方斩，叹曰：‘悔不用蒯通之言，为女子所执。’”又庾信《哀江南赋》：“小人则将及水火，君子则方成猿鹤。”又皎然《送秘上人游京》诗：“共君方异路，山伴与谁同。”这几处的“方”字，都是表将来意义的，应该释为“将”“将要”的意思。

应作“年三十余”，清人周寿昌的分析是对的，但这很可能是传抄或刊刻之过，不一定是班固之误。班固的失误在于没有把王音推荐扬雄“待诏”和扬雄“除为郎”之间的时间间隔交代精确。至于扬雄为什么在《自序》和《答刘歆书》中不提王音推荐之事，郑万耕先生认为：“扬雄对外戚王氏专权以至王莽篡汉，颇不以为然，不愿谈到他和王氏的关系。”[①] 这一分析是十分精辟中肯的。

扬雄至京的确切年代，由于缺乏更为详尽的史料，我们只能根据班固《传》赞的线索，概略地推定在王音任大司马车骑将军的八年中，即从阳朔三年（前 22）至永始二年（前 15），扬雄三十二岁至三十九岁之间的某一年。永始二年正月，王音在临终时推荐扬雄“待诏”。永始三年（前 14），经杨庄的引荐，扬雄获得召见，并于永始四年（前 13）随成帝出巡。永始四年正月，扬雄写成《甘泉赋》；三月写成《河东赋》；永始四年底或元延元年初，写成《羽猎赋》，并因此赋受到成帝赏识而除为郎；元延二年（前 11），他写成《长杨赋》。

第三节　由“以赋讽谏”到潜心著述

一　讽谏以干君

汉成帝在西汉诸帝中以荒淫奢侈、耽于酒色而著称[②]，他在

① 郑万耕：《扬雄及其太玄》，台北：蓝灯文化事业股份有限公司，1992 年版，第 5 页。

② 吕思勉称：“（成）帝之荒淫奢侈，与武帝同，其优柔寡断，又过于元帝。朝政自此乱，外戚之势自此成，汉事遂不可为矣。”见吕思勉《秦汉史》，上海古籍出版社，1983 年版，第 181 页。

位之时西汉王朝已暴露出种种危机，当时众多朝臣纷纷以不同的方式上言劝谏。扬雄得以“待诏”之后，非常珍惜他所获得的机会，每次随同成帝出巡，都写出赋文献上，在赋中对成帝委婉地提出讽谏。在《甘泉赋》中，扬雄讽劝成帝效法西王母“屏玉女而却虑妃，以微戒斋肃之事”；在《河东赋》中，扬雄规劝成帝要发愤图强，效法古代圣王，整饬德行；《羽猎赋》的出发点也在于规劝成帝爱惜民财，不夺民之地；在《长杨赋》中，扬雄更是直接道出了兴师劳民“非人主之急务”的规劝之语。

为创作这些讽谏辞赋，扬雄可谓呕心沥血。他曾向桓谭回忆当年写作《甘泉赋》的情景：“成帝时，赵昭仪方大幸，每上甘泉，诏令作赋，为之卒暴。思精苦，赋成，遂困倦小卧，梦其五藏出在地，以手收而内之。及觉，病喘悸大少气，病一岁。”[①]其中虽不免有夸张之语，但扬雄为讽谏用心之剧，由此可窥见一斑。

扬雄所献辞赋得到了汉成帝的赏识，他很快被任命为郎官，给事黄门。黄门侍郎虽是一个低级官吏，但能够有亲近皇帝的机会，皇帝也经常从中派遣官吏。西汉时期很多著名人物，如刘向、京房、翟方进等人都是由郎官起家的，扬雄的同事中就有后来声名显赫的王莽、刘歆等人。扬雄的志向并不在于谋求官职，他是想利用郎官的身份，通过讽谏来影响皇帝以实现自己的社会政治理想，他的这一做法并没有收到成效。扬雄后来反思“以赋讽谏”时说：“雄以为赋者，将以风之也，必推类而言，极丽靡之辞，闳侈巨衍，竞于使人不能加也，既乃归之于正，然览者已过矣。往时武帝好神仙，相如上《大人赋》，欲以风，帝反缥缥

① 《新论·祛蔽》，严可均辑《全后汉文》，商务印书馆，1999年版，第128页。

有陵云之志。繇是言之，赋劝而不止，明矣。”（《汉书·扬雄传》）成帝之后继位的哀帝，一改成帝之风，不喜爱类似郑卫之声的辞赋。建平元年（前6）六月，哀帝下诏：“郑声淫而乱乐，圣王所放，其罢乐府。”（《汉书·哀帝纪》）就这样，扬雄以辞赋讽谏的道路被阻断了，于是他辍赋不为。他反思这段经历时说，辞赋写作这一类的创作活动，只不过是“雕虫篆刻”之类的童子小技，真正有大志向的贤人君子不应该沉湎于其中。扬雄的志向并没有因此而受到挫伤，他反而树立了更为崇高的目标——要做一个当代圣人，为天地和人世立法。为此，他开始专心著述，写成了《太玄》《法言》和《方言》等传世著作。

二　著述以弘志

《汉书·扬雄传》称：“哀帝时，丁、傅、董贤用事，诸附离之者或起家至二千石。时雄方草《太玄》，有以自守，泊如也。”由此可知，《太玄》的创作开始于汉哀帝时期，是扬雄的“自守”之作。扬雄这里所说的“自守”并非简单地寻求一种精神寄托，而是把自己的理想抱负寄托于其中，在嚣乱的世事中坚守自己的信念。扬雄用心于著述，只是实现理想抱负手段的转换，并非放弃理想归于沉寂。

梁启超在《中国学术变化之大势》一书中，把汉代学者分为两大类，一为说经之儒，一为著书之儒。梁氏在这里所谓的“儒”，显然不是指狭义上的儒家学者，而是泛指广义上的知识分子。在梁氏书中，扬雄和陆贾、贾谊、董仲舒、司马迁、刘安、桓宽、刘向等人位列著书之儒[①]，他们的共同特点是都有著作传世。如果把扬雄和其他“著书之儒”加以比较，我们可以发现，扬雄的创作明显区别于其他“儒者”的著述。陆贾所著《新语》是应汉高祖刘邦之邀，讲述秦所以失天下，汉所以得天下的奏书；《新书》是贾谊生前著述的汇编；董仲舒的《春秋繁露》严格说来仅是一部注经之书；《盐铁论》一书虽署名桓宽，但桓宽实际上只是一个记录整理者，并非作者；刘向的著作也只是他在整理古籍时所做的一些摘抄。相比之下，刘安主持编写的《淮南子》和司马迁所著《史记》可以称得上是成一家之言的著作，但《淮南子》是刘安主持编纂之作，《史记》仅是一部史书。与他们相比，扬雄所作之书不仅从体例上以儒家经典为蓝本，而且从内容上贯通天地人和古今历史，其气势迥异于同时代的其他学者。扬雄是想创作出能够流传后世的经典，绝非一时的应景之作。《汉书·扬雄传》记载，当时“诸儒或讥以为雄非圣人而作经，犹春秋吴楚之君僭号称王，盖诛绝之罪也”。可见，当时就有人很清楚地看出扬雄以圣人的姿态从事著述创作。

从体例上看，《太玄》模仿《周易》，其中有模仿《周易》卦爻辞的经文部分，还有仿照《易传》“十翼”而作十一篇对经文的解说。其中《玄首》仿《彖卦》而作，《玄冲》模仿《序卦》，《玄错》模仿《杂卦》，《玄测》模仿《象》，《玄摛》《玄莹》《玄棿》《玄图》和《玄告》模仿《系辞》，《玄数》模仿《说卦》，《玄文》模仿《文言》。应该指出的是，《太玄》并非是对《周易》的简单模仿，扬雄模仿的只是《周易》的形式，在创作的过程

---

① 参见梁启超《中国学术变化之大势》，上海古籍出版社，2001年版，第60—67页。

中，他吸收融会了当时天文和历法等自然科学最新成果，而且“拟之以道德仁义礼知”，“要合《五经》”（《汉书·扬雄传》），把儒家思想贯穿于文字之中。杨慎在《丹铅杂录》中说，《太玄》是“准易”而非“拟易”，所谓“准易”，就是以易为目标，意欲创作出像《易经》那样的著作。这也就是徐复观所说的“在各类著作之中，选定居于第一位的目标，与古人相角逐”①。他的这种创作，显然是站在新时代的高度上，构建新的儒学形而上理论体系。与扬雄同时代的桓谭，敏锐地窥见了其中的意味，他说：“扬雄作《玄书》，以为玄者，天也，道也。言圣贤著法作事，皆引天道以为本统，而因附属万类、王政、人事、法度”②。

大约在《太玄》完成之后，扬雄又开始了《法言》的创作。“法”，即古“灋”字，《说文》谓：“灋，刑也。平之如水，从水；廌，所以触不直者；去之，从去。”灋，原意是指水面的平直，后引申为典则的意思。《尔雅·释诂》云：“法，常也。”《论语·子罕》有“法语之言，能无从乎”，《孝经》中有“非先王之法言不敢道”，《荀子·大略》亦有“少言而法，君子也”，这些“法”字都是典则的意思，扬雄也是在这一意义上命其书名为《法言》的。从书名我们就可以看出，扬雄是想通过此书的创作为世人树立可兹效法的典范。

《汉书·艺文志》收录了“扬雄所序三十八篇”，其中“《法言》十三”。《扬雄传》详细列举了《法言》十三篇篇目和《序文》全文，全部与通行本相合。如此详尽地介绍一本书，在《汉

① 徐复观：《两汉思想史》第二卷，华东师范大学出版社，2001年版，第286页。

② 《新论·闵友》，严可均辑：《全后汉文》，商务印书馆，1999年版，第142页。

书》中仅此一例，可见当时这本书是非常受重视的。扬雄的著作历来被认为艰深简奥，尽管《法言》不似《太玄》那样晦涩，但因为扬雄习惯于用奇辞僻字，所以《法言》也属于难懂之书，历来注者不绝。《法言》的注解最早开始于扬雄的弟子侯芭，东汉末年宋衷也曾为之作注，可惜这两个注本都已佚失。我们现在能见到的最早的《法言》注本是晋代李轨的《扬子法言注》十三卷。唐代柳宗元和北宋的宋咸、吴祕分别为之作注，司马光集李、柳、宋、吴四家注本，又增以己意，著成《法言集注》十卷，这就是流行的所谓《五臣注本》。近代学者汪荣宝用时近四十年，先写成《法言疏证》十三卷，后又不断增补修改，最终撰成《法言义疏》二十卷。该书虽在有的地方流于繁琐，但不失为对《法言》疏释最为详细的注本。此外，王念孙、洪颐煊、俞樾、孙诒让、陶鸿庆等人，都在有关的著作中对《法言》作过条校。刘师培有《杨子法言校补》和《法言补释》，对以往注疏多有所订正。

有关《法言》著作年代，学者们的意见并不统一。刘汝霖先生认为，扬雄创作《太玄》在元寿元年（前 2）[①]；徐复观先生推断《法言》"可能开始于他五十八岁前后，即平帝元始元年（西纪一年）前后，应完成于新莽始建国二年（西纪十年），他投阁之前，即在他六十四岁以前"[②]；王青根据汤炳正《扬子云年谱》的推断，把《法言》的成书年代定在始建国元年（9）[③]。细究起来，以上对《法言》创作年代的推断都无确证，我们只能大致地

① 参见刘汝霖《汉晋学术编年》上，中华书局，1987 年版，第 124 页。

② 徐复观：《两汉思想史》第二卷，华东师范大学出版社，2001 年版，第 307 页。

③ 参见王青《扬雄评传》，南京大学出版社，2000 年版，第 182—183 页。

推断《法言》的创作在《太玄》完成之后，完成于他临终前。

扬雄一生孜孜以求，著述丰厚。他的著作除了《太玄》和《法言》，还有《方言》一书传世。他还仿《苍颉》作《训纂》，仿《虞箴》作《州箴》，并有大量的辞赋传世。《汉书·艺文志》"儒家类"收录有"扬雄所序三十八篇"，原注："《太玄》十九，《法言》十三，《乐》四，《箴》二。"又"陆贾赋类"录有"扬雄赋十二篇"。这可能是班固整理文献时所见到的当时扬雄的全部著作。此外，散见于《汉书》各篇中的还有：《陈遵传》中的《酒箴》、《赵充国传》中的《赵充国颂》、《元后传》中的《元后诔》、《匈奴传》中的《谏不许单于朝书》等，《五行志》中还提到扬雄有《对灾异问》。《后汉书·胡广传》称："扬雄依《虞箴》作十二州、二十五《官箴》，其九篇亡缺。"《十二州箴》和二十五《官箴》即是当时《汉书·艺文志》所言的"箴二"。至于"《乐》四"所指，今已不详，后人辑有《琴清英》残卷，可能是其中的一种，或是四种音乐著作残条的总集。《隋书·天文志》中收录有《难盖天八问》，反映了扬雄接受桓谭影响，接受了浑天说之后的天文学思想。扬雄文集的辑录始于何时不详，《隋书·经籍志》载有《扬雄集》五卷，《新唐书·艺文志》《旧唐书·经籍志》都收录有《扬雄集》五卷，《宋史·艺文志》和《四库总目提要》著录有《扬雄集》六卷，明代张溥《百三名家集》中有《扬侍郎集》。清人严可均辑录的《全汉文》第五十一至五十四卷收录了扬雄《太玄》《法言》和《方言》《训纂》之外的所有作品。

三　窘困的仕途和潦倒的晚年

扬雄为郎之时，曾与王莽、刘歆、董贤同官。他的这三位同僚，后来都在政坛有过辉煌的经历，和他们关系密切的人大都得到了升迁的机会，而扬雄却历经成、哀、平“三世不徙官”。在王莽称帝之后，扬雄才凭资历升为中散大夫。因为这次升迁，扬雄写下了《剧秦美新》的答谢文。正是这篇文章，为扬雄身后遭人诟病留下了话柄，也使得他和王莽的关系成为后世学者议论不休的一个话题。

班固在《扬雄传》赞文中称，扬雄仕途不畅是因为“恬于势利”，这未免有故意拔高渲染之嫌。其实，他在仕途上的窘境，一方面是因为他把主要精力用在了理论创作之上，另一方面是因为，作为一位有成圣之志的思想家，他有着和周围世俗之人完全不同的认识问题和处理问题的方法与态度。他认为事关原则的重大问题，别人看来可能只是一些微不足道的小事；对一些别人要精心谋划的事情，扬雄也许会采取敷衍的态度应付了事。在笔者看来，写作《据秦美新》只不过是扬雄众多敷衍之事中的一件，没必要对此大做文章。在熟悉扬雄的人看来，他不过是一个不谙世事的书呆子。王莽对他就是这种认识，这可以从“投阁事件”后，王莽对待扬雄的态度中得到证明。

王莽为取代汉室，曾经制造了大量的符命。很多人因为制造符命得以飞黄腾达，但王莽在成功称帝之后，为防止其他人利用符命争权，又试图杜绝其源。刘歆和甄丰等人不识时务，继续制造符命，这大大触犯了王莽。王莽大兴其狱，逮捕了一大批涉案官员。因为刘歆的儿子刘棻曾经向扬雄学习奇字，刘棻当时涉案，所以扬雄也受到株连。当狱吏抓捕他的时候，扬雄正在天禄阁校书，他一时情急，竟从楼上跳下，差一点摔死。这就是所谓的“投阁事件”。王莽听说这件事后，很随便地说了声“雄素不与事，何故在此?”下令赦免了扬雄（《汉书·扬雄传》）。从这件事上看，扬雄对于自己和王莽的关系并没有信心，王莽也根本没有把扬雄看做有政治企图的人。扬雄对王莽，不存在效忠与不效忠的问题。

扬雄的晚年是在潦倒中度过的，他的两个儿子相继去世。老年丧子使扬雄心理遭受沉重打击，归蜀葬子又使他耗尽资财。他苦心孤诣的理论创作，没有几个人能够理解；复兴孔子之道的政治理想又看不到实现的希望。班固说扬雄晚年“家素贫，嗜酒，人希至其门”（《汉书·扬雄传》）。穷困与寂寞中，只有侯芭等几个学生从其受学。

天凤五年（18），扬雄走完了自己的人生道路，终年七十一岁。他的弟子侯芭为他料理了后事，并居丧三年。

综观扬雄一生，他虽然没有能够在现实政治中大展身手，但不能因此否认他是一个有强烈进取心的人。扬雄主动进京就是为了施展一番抱负，在最早以赋谏君未能收到理想效果之后，他转而立志做当代圣人，以“拟经”著述的方式为天地立道，为人世立法。这一意图和志向贯穿在他“辍赋不为”后的所有创作活动之中。

第二章 《法言》中的圣人观和成圣之志

徐复观先生有一个很有影响的观点，他指出，两汉时期广大知识分子普遍具有一个非常突出的特点，那就是积极地关心政治，徐氏称他们的人生形态为“道德地政治形态”或“政治地道德形态”。在这一大背景之下，扬雄“以好奇好异之心，投下他整个生命去追求知识”。徐氏称扬雄的这种人生形态属于“知识型”的，“近于西方所谓‘智者’形态的人物”①。扬雄之所以一方面疏离现实政治，一方面又久居京师，甘心做一个“久次不迁的仪卫队中的执戟之臣”，完全是出于“追求知识的便利”②。

徐先生对扬雄人生形态的判断为多数学者所接受，王青的《扬雄评传》谈到扬雄人生形态时，基本上重复了徐复观的观点③。笔者认为，徐复观先生“知识型人生型态”的提法，确实在很大程度上凸显了扬雄在当时社会历史文化背景之下的某些特色，但尚不能完全准确地概括和诠解扬雄的人生经历和知识结

---

① 徐复观：《两汉思想史》第二卷，华东师范大学出版社，2001年版，第283页。

② 同上，第285页。

③ 参见王青《扬雄评传》，南京大学出版社，2000年版，第三章，第二节。

构。其一，从人生经历上看，扬雄在青年时期的辞赋创作中，表现出了强烈的成名愿望；壮年时期，他主动进京并且投靠名门；得到亲近皇帝机会之后，他发奋创作，意欲通过讽谏对皇帝产生影响；讽谏不成，他又转而从事著述，以创建理论体系的方式为当代立法（详见本书第一章第三节）。和周围人相比，扬雄在中年以后对现实政治的参与固然显得不够热情，但他并非自绝于现实政治之外，“谏朱博不得为相”事件和进《谏不许单于朝书》就说明了这一点。这一切都说明他是一个有政治理想、有抱负的人，而这些绝不仅仅是“好奇、好胜、好深、好博”[①] 的心态所能够概括的。其二，从知识结构上看，扬雄在天文学、文学、文字学等方面的兴趣和成就固然符合“知识型”人生形态的特点，但扬雄的著作中同样表现出了他对现实政治的关心，这一点在《法言》中表现得尤为突出。另外，我们也应该注意到，他对语言学的重视，并非是出于对方言知识本身的兴趣，而是出于向少数民族地区传播中原文化的需要（详见本书第四章第三节）。所以，笔者认为，“知识型”人生形态的提法，尚不足以概括扬雄的卓然之处，扬雄的人生形态应该用“成圣型”来概括。

扬雄虽“不修廉隅以邀名于当世”，但他一生都在不懈地追求。他的追求异于世俗之人。他所“邀”的，是能够流芳千古的大功名。他要做当代的圣人！

对于这一点，古人早有觉察：与扬雄生活在同一时代的桓

---

① 徐复观：《两汉思想史》第二卷，华东师范大学出版社，2001 年版，第 286 页。

谭，在其《新论》中就记载了时人称道扬雄为圣人的言论[①]；东汉思想家王充称扬雄是“卓尔蹈孔子之迹，鸿茂参贰圣之才者也”（《论衡·超奇》），明确指出扬雄“不述而作，材拟圣人”（《论衡·对作》）。应该说，桓谭、王充等人只看到了扬雄的圣人之才，还没有窥见扬雄的成圣之志。通过对《法言》一书的全面剖析，我们可以非常清晰地透视出扬雄的圣人观和成圣之志。

第一节　《法言》中的圣人观

圣人崇拜是中国文化传统的特色之一。在相当长的历史时期内，圣人被视为最高人格，几乎每一个学派都有自己所推崇的圣人。在墨家那里，圣人是注重实利的伟人：“圣人为政一国，一国可倍也……圣王为政，其发令兴事使民用财也”（《墨子·节用》）；在道家看来，圣人是因顺自然、崇尚自由的超人，所谓“圣人处无为之事，行不言之教”（《老子》第二章）；而法家则认为：“圣人者，审于是非之实，察于治乱之情也。故其治国也，正明法，陈严刑，将以救群生之乱，去天下之祸”（《韩非子·奸劫弑臣》），他们的圣人是实行法术之治的豪杰；儒家的圣人既是人伦的最高体现——“人伦之至也”（《孟子·离娄上》），又是“百世之师也”（《孟子·尽心下》），同时还是“神道设教而天下服矣”（《易·系辞》）的教化者。

虽然各家各派所推崇的圣人不尽相同，但他们无一例外的都

① 《新论·启寤》中称：“张子侯曰：‘扬子云西道孔子也，乃贫如此。’吾应曰：‘子云亦东道孔子也。昔仲尼岂独是鲁圣人？亦齐楚圣人也。’”参见严可均辑《全后汉文》，商务印书馆，1999年版，第127页。

是最高智慧的化身，也是最高道德境界的体现者，是人类至高无上的表率。和一些宗教情节浓重的文化系统相比，中国的思想家们更习惯于把自己的理想寄托在圣人的身上。通过圣人观的考察，我们可以在很大程度上窥见一个学派或思想家的学术旨趣。

据笔者粗略统计，在《法言》一书中，“圣人”一词凡五十八见，作为单音字出现的“圣”字凡十五见，此外还有十余处“圣门”“圣行”“圣言”“圣道”等复合词，这些和圣人有关的概念总共达八十四处之多，是《法言》中出现频率最高的一个概念。据此看，圣人是扬雄在《法言》中重点讨论的一个概念，理解扬雄的圣人观是理解和把握《法言》一书的一个重要环节。

一　儒家圣人观的源流及演变

在对扬雄的圣人观加以考察之前，我们有必要对“圣人”概念的源流给以历史的回顾。在古代典籍中，“圣人”有时简称为“圣”。作为单音字的“圣”，其出现要略早于双音词“圣人”，所以应该先对“圣”做字源上的考察。

“圣”（聖）字，不见于甲骨文。姜亮夫认为“聖”字象征人在土上挺然而立，是以耳听而口命的“圣帝明王”，他由此断定“此字当始于周之混一中原之后”①。现在学术界一般都以金文中的“耶”作为“圣”字之源，并以此推究其本义。郭沫若在《两周金文大系》中认为此字即古“聲”字，从耳从口，是个会意字；顾颉刚认为此字为古“聽”字，是“声入心通”“入于耳而

① 转引自辛冠洁：《论儒家的圣人观》，《儒学国际学术讨论会论文集》上，齐鲁书社，1989年版，第226页。

出于口”之义①。郭、顾二人的理解，与许慎在《说文解字》中以“通”释“圣”，以及应劭在《风俗通》中以“闻声知情”来解“圣”是相通的，都认为“圣”的本义只是和人的听觉有关，并无崇高和神秘的意味②。《诗·小雅·小旻》有：“国虽靡止，或圣或否，民虽靡朊，或哲或谋，或肃或艾。”其中圣与哲、谋相对，只是聪慧之义。又《尚书·洪范》有云：“貌曰恭，言曰从，视曰明，听曰聪，思曰睿……睿作圣”；“曰肃时雨若，曰乂时旸若，曰晢时燠若，曰谋时寒若，曰圣时风若”，以圣与睿、聪、明等并提，“圣”除聪慧之外并无他义。

再来看“圣人”一词，顾颉刚先生曾在《春秋时的孔子和汉代的孔子》一文中指出：从最初含义上看“圣人只是聪明人，是极普通的称呼”③。顾先生的这一判断和早期典籍反映出的信息是基本相符的。《尚书·秦誓》：“人之有技，若己有之；人之彦圣，其心好之。”圣和技对举，所谓圣人也只是技艺出众而已。《周礼·大司徒》曰：“一曰六德：知仁、圣、义、忠、和。”郑玄注：“圣，通而先识。”圣只是比普通人先通达事理之人，并无特殊地位。《诗·大雅·荡之什》：“维此圣人，瞻言百里；维彼愚人，覆狂以喜。”圣、愚对举，意为圣人无远不察，愚人在大祸临头之时，尚不自知，反而狂喜。由这些材料可以看出，圣人

① 参见郭沫若《两周金文辞大系》，转引自王中江：《儒家“圣人”观念的早期形态及其变异》，《中国哲学史》1999年第4期。

② 日本学者倾向于把“圣”字的本义和巫祝祭祀联系起来。如白川静认为圣字的原初意义为对神祝祷，聆听神的应答和启示（转引自王文亮：《中国圣人论》，中国社会科学出版社，1993年版，第5页）；漥田忍根据字型分析，推断“圣”和祭祀有关。参见漥田忍《中国哲学思想史上的“圣”的起源》，原文载《学人》第一辑，江苏文艺出版社，1991年版。

③ 顾颉刚：《古史辨》第二册，上海古籍出版社，1982年版，第133页。

最早的含义只不过是知识和才能出众的智者。先秦典籍中还有不少自称为圣或称才智出众者为圣的记载①。后世对圣人的拔高，是首先将其智慧无限夸大并加以神秘化，在智慧的基础上，又把伦理和政治等属性附会于圣人。《左传》昭公七年“圣人，有明德者”的说法，是较早把圣人和伦理道德联系起来的例证，但圣人也只是一般意义上的明于道德者，并无高不可攀之义。

相比之下，《论语》则完全赋予圣人以伦理的内涵并将其推至崇高位置。《论语·季氏》说：“君子有三畏，畏天命，畏大人，畏圣人之言。”圣人之言已经和天命相提并论了。《论语·雍也》篇载子贡问孔子：“如有博施于民，而能济众，何如？可谓仁乎？”孔子答道：“何事于仁，必也圣乎，尧舜其犹病诸。”夫子所谓的“仁者”，能够做到“己欲立而立人，己欲达而达人”，而圣所达到的境界——“博施于民，而能济众”显然高过于仁。孔子不仅明确表示自己不敢以圣自许，“若圣与仁，则吾岂敢”（《论语·述而》），他甚至说自己不抱有亲见圣人的奢望：“圣人，吾不得而见之矣，得见君子者斯可矣”（《论语·述而》），因为即使是古代的尧舜也达不到圣的标准，更何况当代之人！《孟子》中亦曾提及夫子与子贡论圣人之事：

> 昔者，子贡问于孔子曰：“夫子圣矣乎？”孔子曰：“圣则吾不能，我学不厌，而教不倦也。”子贡曰：“学不厌，智也；教不倦，仁也。仁且智，夫子既圣矣。”（《孟子·公孙丑上》）

对这段材料，张岱年先生曾有如下点评：“子贡以仁且智为圣，或亦根据孔子之言。‘博施于民，而能济众’，亦可谓仁智之极。

① 参见王文亮《中国圣人论》，中国社会科学出版社，1993年版，第6页。

圣并非一德，而是完全人格之称。德无不备，明哲绝伦，而能拯救生民，乃称为圣。圣是最高人格之名称，而非生活的准则。”①这个意义上的“圣”，已不再是《尚书》《周礼》等典籍中与诸德并列的普通德目，而是一个被理想化并涵盖众德的概念，圣人已具有了伦理上完美人格的意义。

在圣人体现道德之极致这一点上，孟子和荀子与孔子的认识一致。孟子称圣人是“人伦之至也”（《孟子·离娄上》，荀子也说“圣也者，尽伦者也”（《荀子·解蔽》），但他们理论中的圣人却不是不可企及的。孟子明确指出圣人也是人，“圣人亦人也”（《孟子·告子下》），又说：“圣人与我同类者”（孟子·告子下），“圣人之于民，亦类也。出于其类，拔乎其萃”（《孟子·公孙丑上》），圣人与众人的区别仅在于“圣人先得我心之所同然耳”（《孟子·告子下》），对曹交“人皆可以为尧舜”的疑问，孟子也给予了肯定的回答（孟子·告子下）。荀子对普通人也可以成圣同样持明确肯定的态度，他说“涂之人可以为禹”（《荀子·性恶》），而且指出了成圣的道路——学和积善：

> 今使涂之人伏术为学，专心一志，思索孰察，加日县久，积善而不息，则通于神明，参于天地矣。故圣人者，人之所积而致也。（《荀子·性恶》）
>
> 涂之人——百姓，积善而全尽，谓之圣人。（《荀子·儒效》）

与孔子不许人为圣形成鲜明对比的是，孟子的心目中可称为圣人

① 《张岱年全集》第二卷，河北人民出版社，1996年版，第291页。

者很多："伯夷，圣之清者也；伊尹，圣之任者也；柳下惠，圣之和者也；孔子，圣之时者也。孔子之谓集大成。"（《孟子·万章下》）到宋明时期，圣人完全成为道德完满境界的体现者，圣人可成、如何成圣等成为儒者们反复讨论的热门话题。尽管不同时期儒者们论证的方式和侧重点各不相同，但可以看出，儒家圣人观发展的主流，是把原来只具有智慧意义的圣人逐渐变为"尽伦"和"尽德"的同义语。也正是在这一意义上，自觉修养，成德成圣，被儒者们确立为终极追求。

与这一儒家主流圣人观形成鲜明对照的，是"圣人"在两汉时期被神秘化的思潮。汉初，人们仍然保留着先秦时期对圣人的朴素理解。贾谊在《新书·道术》中说："知道者谓之明，行道者谓之贤，且明且贤，此谓圣人。"董仲舒也曾说过："天积众精以自刚，圣人积众贤以自强。"（《春秋繁露·立元神》）但这种圣人的形象很快被种种神话和迷信传说所替代，以孔子为代表的圣人成为无所不能的救世主和为汉王朝立法的预言家，这一类说法在两汉之际的谶纬中不胜枚举。例如：《易纬·乾凿度》中说："昔者圣人因阴阳、定消息、立乾坤，以统天地。"又说："别序圣人，题录兴亡，州土名号，姓辅爰符。"这种对圣人的描述已经接近神话和迷信性质了。在纬书中，关于孔子及其门徒的种种的记载，简直到了荒诞不经的程度。在《春秋纬·演孔图》和《元命苞》等书中，记录了孔子感天而生、吹律定姓等传说；《春秋纬·文耀钩》中的孔子具有"反宇"的异像；《孝经援神契》中也有一系列孔子预言刘汉将兴、为汉制法等传说[①]。这类愚昧

① 参见朱维铮编《周予同经学史论著选集》（增订本），上海人民出版社，1983年版，第292—321页。

迷信思想，在汉代相当活跃，给儒家圣人观造成了很大的混乱。

有学者认为，两汉时期圣人的神秘化一方面是由于“统治阶级出于特殊的需要而竭力提倡的结果”，另一方面是“人民群众由衷希望给刚刚树立起来的拯难救世的圣人以更多的权威性，并为这种权威找到历史的与理论的根据”①。这种分析虽然指出了圣人神秘化思潮的历史根源及其在一定意义上的合理性，但并不能因此而否定其负面影响。相对于同时期的圣人迷信，扬雄在《法言》中所阐述的圣人观，既继承了先秦儒家的传统，又不乏对后世儒者具有先导意义的睿智，表现出强烈的理性主义和道德理想主义色彩。

二 《法言》中的圣人

《法言》中的“圣人”，有广义和狭义之分。狭义上的圣人专指孔子，如：《问明》篇中有“仲尼，圣人也”；在《五百》篇中，把孔子和尧、舜、禹等并称为圣人；在《重黎》篇中，称孔子为“大圣”。但书中更多是在广义上使用“圣人”一词。

和儒学先辈一样，扬雄认为伦理的完美是圣人的本质所在。他说：“圣人德之为事”（《法言·孝至》），事，尊奉义，圣人以尊奉道德为根本。又：

> 或问“圣人表里”。曰：“威仪文辞，表也；德行忠信，里也。”（《法言·重黎》）

---

① 辛冠洁：《论儒家圣人观》，《儒学国际学术讨论会论文集》上，齐鲁书社，1989年版，第229页。

圣人表露于外的是庄严的仪容和优美的文辞，而决定这些外在表现的内在本质，是圣人内心高尚的道德和忠诚的品质。《君子》篇中说："仲尼多爱，爱义也；子长多爱，爱奇也。"孔子之所以为圣人，是因为他不同于抱有猎奇心态的俗人，而是以道德完美为自己的追求。在《先知》篇中，扬雄指出：

> 圣人，文质者也。车服以彰之，藻色以明之，声音以扬之，诗、书以光之。笾豆不陈，玉帛不分，琴瑟不铿，钟鼓不抎，则吾无以见圣人矣。（《法言·先知》）

这是说圣人和诗书礼乐密不可分，离开道德礼仪，圣人便无从谈起。

在扬雄心目中，圣人同样是崇高的。《法言》中多次将圣人和天、天地相提并论，如："圣人有以拟天地而参诸身乎！"（《法言·五百》）拟，效法；参，同叁。扬雄认为圣人能够效法天地，使自己与天地并立为宇宙的三大标准。又："圣人之材，天地也；次，山陵川泉也；次，鸟兽草木也。"（《法言·五百》）圣人以天地为材质，因而异于普通人和鸟兽草木之类。还有："圣人之书、言、行，天也"（《法言·君子》）；"圣人之言远如天，贤人之言近如地"（《法言·五百》）；"观乎天地，则见圣人"（《法言·修身》）等等。在汉代人的观念中，天是至高无上的，思想家大都把天作为最高范畴，扬雄把圣人比做天，显然是以圣人为最高人格。扬雄还盛赞圣人之言：

> 圣人之言，似于水火。或问"水火"。曰："水，测之而益深，穷之而益远；火，用之而弥明，宿之而弥壮。"（《法言·问道》）

测，测量义。穷，探究源头。宿，积，留。圣人的言论像水一样，探测它的深度，就会发现越探越深；想追溯其源，却越追越远。圣人之言又像火，越用越明亮，越积蓄越旺盛。又：

或问："圣人之言，炳若丹青，有诸？"曰："吁！是何言与？丹青初则炳，久则渝。渝乎哉？"（《法言·君子》）

扬雄不同意把圣人的说教比做图画的说法，他认为图画的鲜明经不住时间的考验，而圣人的言论却是经久不衰的。扬雄又把圣人的言辞比做浩荡的江河，"圣人之辞浑浑若川。顺则便，逆则否者，其惟川乎！"（《法言·问神》）浑浑，水大之貌。便，《说文》释："安也。"这段话意在说明圣人的言辞不可违逆，遵从圣人的教导可安然无事，违背圣人的教导则会导致灾祸。对圣人之道，扬雄也是极尽赞颂之辞：

赫赫乎日之光，群目之用也；浑浑乎圣人之道，群心之用也。（《法言·五百》）

赫赫，光明之状；浑浑，广大疏通之貌。这句话的意思是，明亮的阳光是众人眼目得以明视的凭借，广大疏通的圣人之道是人们心灵能有所知的依据。他还说：

震风陵雨，然后知夏屋之为帡幪也；虐政虐世，然后知圣人之为郛郭也。（《法言·吾子》）

夏，通"厦"，夏屋即大屋；帡幪，帐篷，引申为屏障之义；虐，

《说文》云："虐，残也。"虐政即残害百姓之政，虐世指残暴之世。郛，《说文》谓"郭也"，郛与郭均指城墙。人只有经历了狂风暴雨之后，才能体会到大屋广厦的屏蔽之用；经历了暴政乱世，才能知道圣人的学说可以抵御邪恶，保护百姓。

以圣人为最高人格，认为圣人"具有极高尚的品德与极高明的智慧"①，视圣人之言为人世的指南，在这些认识上，扬雄和他的先辈们以及同时代的人是一致的，但他并没有像很多同时代人那样将圣人神化。在《法言》中，圣人之所以崇高伟大，首先是因为智慧，再者是因为他们是儒家正统思想的传承者。

三 《法言》中圣人的智性

突出强调圣人的智慧属性，是扬雄圣人观的首要特征。为了阐明圣人为什么崇高，扬雄提出了"神"的概念。他说："圣人存神索至"，"能常操而存者，其惟圣人乎?""和同天人之际，使之无间也。"(《法言·问神》)圣人存其心神，求索天地万物的极致之理，故而能够成就天下之大顺，招至天下之大利，和同天人之际，与天地相谐调、同变化。

这里所说的"神"，并非神迷、神灵之神，而是认识论意义上的心智之神。《问神》篇中说：

> 或问"神"。曰："心。""请问之。"曰："潜天而天，潜地而地。天地，神明而不测者也。心之潜也，犹将测之，况于人乎？况于事伦乎?"……"神在所潜而已矣。"

① 《张岱年全集》第八卷，河北人民出版社，1996年版，第364页。

所谓“神”，在扬雄的思想认识中指人心所具有的神妙功能。以人心为思维器官，是古人的通识。《荀子·解蔽》篇说：“心者，形之君也，而神明之主也”；《黄帝内经·素问》篇中也有“心者，君主之官也，神明出焉”的说法。扬雄认为，天地的变化虽然神秘莫测，但只要人充分发挥思维的认识功能，潜心探索，深入钻研，完全可以窥知其中奥妙。潜，以潜水喻深入其中，用心体察。要达到神妙的境地，其关键就在于充分发挥心的作用，对事物进行潜心研究。人心的这种认识功能人人具有，但只有圣人才能持久地把握和运用并将其发挥至极致。“人心其神矣乎？操则存，舍则亡。能常操而存者，其惟圣人乎？”（《法言·问神》）扬雄在这里借用了孟子的一个提法，《孟子·告子上》云：“孔子曰：‘操则存，舍则亡，出入无时，莫知其乡’，惟心之谓与？”孟子所谓的常操不舍之心是指人的善端之心，而扬雄在这里赋予“心”以认识论的含义，这样一来，圣人的智慧的特性就突显了出来。

《法言·序》中说：“圣人聪明渊懿，继天测灵，冠乎群伦，经诸范。”渊懿，指深刻完美。测，探测。灵，事物内部的奥妙。范，法度。因为圣人富有智慧，对事物的认识深刻，故而能够探知天地的奥秘，超出众人之上，为世人树立法度规范。又《法言·修身》篇中说：

> 或问“众人”。曰：“富贵生。”“贤者。”曰：“义。”“圣人。”曰：“神。”……天下有三门：由于情欲，入自禽门；由于礼义，入自人门；由于独智，入自圣门。

圣人和贤者、众人的区别在于其达到神明境界的认识能力，要想成为圣人，必须具有独到的智慧。正是因为具有“神明”的智慧，圣人才能“小以成小，大以成大，虽山川、丘陵、草木、鸟兽，裕如也”（《法言·五百》）。从这些论述中，我们可以看出扬雄对圣人智慧属性的重视，这在汉代神化圣人的大背景下，显然具有向先秦圣人观回归的意味。

扬雄强调圣人的智慧属性，意在突出理性的重要地位，其理论锋芒，直指汉代流行的迷信思潮。扬雄始终重视对人心智问题的探讨，《太玄》中就有很多有关思维和心智的内容，如《太玄图》论述“九事”说：

> 故思心乎一，反复乎二，成意乎三，条畅乎四，著明乎五，极大乎六，败损乎七，剥落乎八，殄绝乎九。生神莫先乎一，中和莫盛乎五，倨据莫困乎九。夫一也者，思之微者也；四也者，福之资者也；七也者，祸之阶者也。三也者，思之崇者也；六也者，福之隆者也；九也者，祸之穷者也。二五八，三者之中也，福则往而祸则丞也。

扬雄把事物的发展分为三个层次，九个阶段。在第一阶段，开始萌发一定的念头，在第二阶段进行反复思索，第三阶段定下决心，形成决策，到第四阶段，才能“条畅”而发于行事，付诸行动。“夫一也者，思之微也”，“三也者，思之崇也”，是说事物发展的最初层次，都是处于思维阶段。由此不难看出扬雄对人思维与心智的重视。

在《法言》中，扬雄对心智的注重达到了极致，他鲜明地提出了“尚智”的口号：

或问："人何尚？"曰："尚智。"（《法言·问明》）

他所"尚"之"智"，"虽然没有完全摆脱仁、义、礼、智、信五德之伦理学说的影响，但其关于'智'的具体论述，则更多是从认知的角度立论的"[①]。什么是智呢？扬雄说："智也者，知也。夫智，用不用，益不益，则不赘亏矣。"（《法言·问道》）这就明确地告诉我们，所谓智，就是通过对客观对象的理解和把握，在主体与客体之间，架起一座桥梁，把本为人不知的东西，变为可知的，不被人利用的变成可为人所用的，把本来无益的变为有益的。这说明"扬雄已经强烈地意识到了，人的认知活动的巨大作用"[②]。正是基于这一认识，扬雄说："龙以不制为龙，圣人以不手为圣人。"（《法言·问神》）制，受人控制。手，持，不手，不执着一端。龙之所以为龙，因其身形不受制于外物；圣人之所以为圣人，因其不执着于一端。而圣人之所以不执着，是因为圣人具有高超的智慧。扬雄还说道："通天、地、人曰儒，通天、地而不通人曰伎。"（《法言·君子》）伎，同"技"，此处指具有一技之长的人。那些所谓能够与天地神灵沟通的巫觋，在扬雄看来最多只能算是有一技之长的人，扬雄鄙视他们。他推崇有知识有智慧的人，认为真正有知识有智慧的人才能够做到贯通天文、地理和人道。显然，能够贯通天地人者，绝非一般意义上的"儒"，能够达到这一境界的人，只能是扬雄心目中的圣人。

怎样正确地运用人的心智获得正确的认识呢？扬雄认为首

---

① 郑万耕：《扬雄身心观述评》，《河北师范大学学报》（哲学社会科学版）2004年第27卷第3期。

② 同上。

先要“尽心”，要“尽其心于圣人之道”（《法言·寡见》）。此外，还必须以是否能够被现实所验证作为认识正确与否的标准：

君子之言，幽必有验乎明，远必有验乎近，大必有验乎小，微必有验乎著。无验而言之谓妄。君子妄乎？不妄。（《法言·问神》）

验，效验、验证。幽，玄奥、深妙。明，显明易晓。微，细微。著，显著。妄，虚妄不实。扬雄在这里强调的是，君子论说幽黯不明的玄奥之理，一定要有显明易晓的事例做效验，探讨微妙的事理，也要用显著的事物来证明。如果做不到“言必有验”，那就是虚妄荒诞的表现。基于这一认识，扬雄对当时流行的众多迷信传说，给以严厉的批评：

或问：“赵世多神，何也？”曰：“神怪茫茫，若存若亡，圣人曼云。”（《法言·重黎》）

赵世，指秦世，秦赵同祖，后人以秦赵互称。汉代流行很多诸如石棺、金册、宝雉、文马之类秦代传说。扬雄认为这些传说没有可兹校验的证明，不可确信，对待这些迷信传说的最好办法，就是采取孔子“不语怪力乱神”的态度。《法言·问明》篇中说：

或问：“尧将让天下于许由，由耻，有诸？”曰：“好大者为之也。顾由无求于世而已矣。允喆尧儃舜之重，则不轻于由矣。好大累克，巢父洒耳，不亦宜乎？灵场之威，宜夜矣乎！”

允，真；喆，同“哲”，即知。允喆，如果真正知道。累克，层累而上，以争相胜。“尧让天下于许由”的传说，见于《庄子·逍遥游》和《史记·伯夷列传》。扬雄认为这一传说不可信。他指出，如果理智慎重地思考一下，想一想尧禅让舜的谨慎态度，就会明白他绝不可能轻率地让位于许由。这类传说，是一些喜好夸大其词的人，编造离奇的说辞在辩论中争胜的产物。就像祭坛上的鬼神，只能在夜间有威吓作用一样，这种荒诞之说，只能骗一些庸俗的人。又：

或问《黄帝终始》。曰：“讬也。昔者姒氏治水土，而巫步多禹；扁鹊，卢人也，而医多卢。夫欲雠伪者必假真。禹乎？卢乎？终始乎？”（《法言·重黎》）

《黄帝终始》是阴阳家托名黄帝所著的一部书。姒氏，指大禹，禹治水劳累过度，患偏枯之疾，足不相过。扬雄指出，《黄帝终始》这一类托名之作，和巫师模仿大禹步履以骗取人们的信任、行医者多称自己和扁鹊同乡以抬高自己的身价一样，用理性的眼光对这些现象加以审视，就可以发现他们“雠伪”——作伪行骗的本质。

从扬雄对这些迷信思潮的批判中，我们可以体会他强调圣人智慧属性的时代意义之所在。扬雄是想通过突出圣人的本初含义，以正本清源，廓清时人对圣人的种种歪曲。

四 《法言》中的圣人与儒学之道

扬雄在《法言》中所推崇的圣人，除了智性之外，还有一个非常重要的特性，那就是和儒家之道紧密相关，是儒家之“道”的传承者。

道，是中国古代哲学中使用最为频繁的概念之一。道的最初含义是道路，《说文》谓：“道，所行道也。”《尔雅·释宫》云：“一达谓之道。”道路是人们要到达目的地的必经之路，引申为目标和为达到目标的奋斗过程。几乎每个学派都有自己的“道”，都把自己的宗旨和理想尊奉为“道”，儒家亦然。孔子曾有过“朝闻道，夕死可矣”（《论语·里仁》）的感慨，如果说这里的“道”还是指一般意义上的真理，那么孔子在《论语·述而》中所说的“志于道，据于德，依于仁，游于艺”中的“道”，就明显具有了理想和宗旨的意义。《汉书·艺文志》称：“儒家者流……游文于六经之中，留意于仁义之际，祖述尧舜，宪章文武，宗师仲尼，以重其言，于道最为高。”由此可见，在汉代学者看来，把“道”奉为最高范畴是儒家学派的一个重要特征。

扬雄也极力推崇“道”。他所说的“道”，正是“游文于六经之中，留意于仁义之际，祖述尧舜，宪章文武，宗师仲尼”的儒家之“道”：

> 或问“道”。曰：“道也者，通也，无不通也。”或曰：“可以适他与？”曰：“适尧、舜、文王者为正道，非尧、舜、文王者为它道，君子正而不它。”（《法言·问道》）
>
> 或问“道”。曰：“道若涂若川，车航混混，不舍昼夜。”

或曰："焉得直道而由诸？"曰："涂虽曲而通诸夏，则由诸；川虽曲而通诸海，则由诸。"或曰："事虽曲而通诸圣，则由诸乎？"（《法言·问道》）

所谓"正道"，就是儒家之道。"正道"之所以通达，是因为它以尧舜文王为指归。尧、舜、文王等圣人为后世儒者指明了前进的方向，即圣人之道。在扬雄看来，圣人之道既是儒者们为之奋斗的理想，又是在思想混乱的情况下判断是非的标准：

或曰："人各是其所是，而非其所非，将谁使正之？"曰："万物纷错则悬诸天，众言淆乱则折诸圣。"（《法言·吾子》）

悬，用以正曲的垂线，引申为纠正。折，折中。万物纷然错杂，需要用天文、天象来校正，众言杂错混乱，就要用圣人的学说来判断是非。

尧、舜、文王等人都是扬雄所称道的圣人，而他最为推崇的圣人当属孔子，《法言》中的"仲尼之道"是"圣人之道"的同义语。在扬雄看来，孔子是儒家之"道"的化身。《学行》篇说："天之道不在仲尼乎？仲尼驾说者也，不在兹儒乎？如将复驾其所说，则莫若使诸儒金口而木舌。"这里的"天之道"即是儒家之道。孔子的伟大表现在他是儒家之道的传播者，是"道"的化身。后世儒者要弘扬儒道，就要有做孔子那样的圣人的志向，为传播和实现儒家理想而不懈努力和奋斗①。

扬雄之所以强调后世儒者要“金口而木舌”地传播圣人之道，是因为圣人之道能够开启人类智慧、推进人类文明：

> 惟圣人为可以开明，它则苓。大哉，圣人言之至也！开之，廓然见四海；闭之，闸然不睹墙之里。（《法言·问道》）

开明，开启蒙昧，使见光明。苓，同“笭”，据《释名·释车》所云，车笭是古代围在车前以避风尘的竹席，在此比喻隔着车笭看东西视野狭小。肮，关门之声。这段话是说，圣人的言论具有开启人类心灵智慧的作用，其他人的说教只能限制人的眼界。学者以圣人之言开启视野，就可豁然明朗，广见四海；如果不用圣人之言，则连围墙之内至近、至小的范围也看不清楚。

圣人之道的意义如此巨大，深入领会和把握圣人之道，对于儒者的意义不言而喻。扬雄认为，圣人是否在世，对后学领会圣人之道的影响很大，所谓“其人存则易，亡则艰”（《法言·问神》）。这里的人指圣人。圣人在的时候，学子们可以亲领圣人教

---

① 如何解释“驾说”，是一个存在争议的问题。李轨注：“驾，传也。”“驾说”即传播学说之意。但汪荣宝认为：“仲尼驾说，犹云仲尼既没。”他的根据是：《说文》释“驾”为“马在轭中”，“说”在经传中又同“税”，《方言》有“税，舍车也”之说。究其实，“税”就是“挩”字之转形，《说文》谓：“挩，解挩也。”“说驾本谓舍车，因以为休息之喻，讳言死则亦曰说驾。”汪荣宝还征引《史记·李斯传》、陆士衡《吊魏武帝文》《文选·潘安仁西征赋》等处材料为佐，证明他所说的“驾说者也，犹云没矣”。现在的很多《法言》注本，都受到了汪疏的影响，把《学行》篇中的这句话解释为：孔子死后，后世诸儒的任务就是传播圣人之说。其实，汪荣宝不仅把问题搞得复杂化了，而且有失于扬雄思想的实质。刘师培在《扬子法言校补》和《法言补释》中，重申了李轨对“驾”字的注解，并引《淮南子·缪称训》中的材料为旁证。笔者以为，李轨和刘师培对“驾说”的解释，是符合扬雄本义的。

诲，就像孔门“七十子”一样，“日闻所不闻，见所不见”（《法言·渊骞》）。因为圣人之道非常深奥，即使是有这样的条件，孔门的弟子对孔子的学说也是知其然，不知其所以然：“子游、子夏得其书矣，未得其所以书也；宰我、子贡得其言矣，未得其所以言也；颜渊、闵子骞得其行矣，未得其所以行也。”（《法言·君子》）如果圣人不在世，要把握圣人之道的困难就可想而知了。尽管困难，学习圣人之道的途径还是有的，所谓：“在则人，亡则书。”（《法言·吾子》）则，效法。圣人在世之时，学生们可以从圣人的言行中体悟其思想；圣人过世后，后学可以通过圣人经典来领会圣人的精神。扬雄之所以这样认为，是基于他对语言、文字功能的认识。他说：

> 面相之辞相适，捈中心之所欲，通诸人嚍嚍者，莫如言。弥纶天下之事，记久明远，着古昔之㫚㫚，传千里之忞忞者，莫如书。故言，心声也；书，心画也。（《法言·问神》）

语言是表达心之所欲、抒发情感的工具，文字能突破时间和空间的限制，极大地拓宽人们之间信息和情感交流的范围。“惟圣人得言之解，得书之体”（《法言·问神》），圣人能够把语言文字的这种功能充分发挥出来，“矢口而成言，肆笔而成书，言可闻而不可殚，书可观而不可尽”（《法言·五百》）。所以，圣人留下的“五经”，涵盖了天道和人事的最高真理：

> 说天者莫辩乎《易》，说事者莫辩乎《书》，说体者莫辩乎《礼》，说志者莫辩乎《诗》，说理者莫辩乎《春秋》。（《法言·寡见》）

扬雄认为经典中包含圣人之道的思想，对后世儒家不乏启导之功。唐代大儒柳宗元曾提出“文者以明道”[①]，韩愈之婿李汉也有“文者贯道之器”的论断[②]，到宋代周敦颐将这些思想明确概括为“文以载道”（《通书·文辞》）。如果我们把这些认识和扬雄的思想加以比较，就不难发现其中一脉相续之处。

既然圣人留下了经典，后世学者就应该用心去体会其中所蕴含的圣人之道，不应该再去读诸子之书。扬雄指出：

> 舍“五经”而济乎道者，末矣。弃常珍而嗜乎异馔者，恶睹其识味也；委大圣而好乎诸子者，恶睹其识道也。（《法言·吾子》）

离开“五经”去寻求真理，就像舍弃舟船想渡过大河；放弃圣人的经典去读诸子之书，就像丢掉日常的珍味，从怪异的饮食中去寻找美味。圣人之道只能到“五经”中去领会，真理不可能存在于诸子之学中。基于这一认识，扬雄对当时流行的诸子之说和今文经学的异化现象进行了深入的批判。

扬雄所批判的诸子之学，指的是那些“以其知异于孔子”的学说。他认为孟子是孔子之道的维护者和传承者，荀子虽然不如孟子纯正，但也与圣人之学“同门而异户”（《法言·君子》），孟荀之外的学派则属于“异于孔子”的诸子之学。是否符合儒家的纲常伦理，是扬雄批判诸子之学的基本标准。他对诸子之学的态度有两种：一种是基本否定，一种是既有否定又有肯定。对法

① 《柳宗元集》卷三十四《答韦中立论师道书》。
② 《唐文粹》卷九十二《昌黎文集序》。

家、名家和纵横家，因其言论有悖于儒家伦理，扬雄明确地给以否定。他指出，以申韩为代表的法家“不仁之至”（《法言·问道》），公孙龙等名家“不合乎先王之法”（《法言·吾子》），苏秦、张仪为代表的纵横家不为天下谋利，他们的学说都属于异端。对于以老庄为代表的道家和邹衍等阴阳五行家，扬雄认为他们的思想中有可取的成分，但对他们理论中反对儒家礼义的内容，扬雄给以坚决批判。

扬雄对待经学的态度，并非像有些论著中所说的那样，持完全否定的态度。他不属于今文经学或古文经学中的任何一派，而是独立于经学之外，从另外一个角度审视汉代经学的纷争。《法言·寡见》中说：

> 呱呱之子，各识其亲；譊譊之学，各习其师。精而精之，是在其中矣。

譊譊，争论不休的样子，“譊譊之学”显然是指汉代经学各守师法家法，相互争论的局面。扬雄认为，就像幼儿都认识自己的父母一样，争论之中的学者都遵从自己的师说，只要从自己的师说中汲取精华，就可以得到孔子学说的真谛。精，含有选择之意，《说文》：“精，择也。”深入思考，有所选择，去除糟粕，汲取精华。扬雄并没有否认经学各派学说之中都包含有孔子之学的精华，但他强调学者们的注意力不应集中在争论上，而应该用心去领会圣人之学的真谛。这说明扬雄并不否认经学存在的意义和价值，他所批判的是打着儒学旗号的假儒学。

汉代儒学与先秦儒学明显的不同，就是阴阳五行思想对经学的侵蚀，天人感应、阴阳灾变充斥着汉代儒学的每一个角落。西汉后期，这种情况更为严重。扬雄敏锐地注意到这一现象，并给以尖锐的批评：

> 或曰："有人焉，自云姓孔，而字仲尼。入其门，升其堂，伏其几，袭其裳，则可谓仲尼乎？"曰："其文是也，其质非也。""敢问质。"曰："羊质而虎皮，见草而说，见豺而战，忘其皮之虎矣。"（《法言·吾子》）

扬雄认为，判断一个学者或一种学说是否是真儒学，不能仅看表面之辞。不少号称儒者的人，实际上未得孔子学说真谛，他们就像披着虎皮的羊一样，其假儒学的本质决不会因打着孔子的旗号而得到改变。至于掺杂进经学中的谶纬迷信思想，扬雄更是给以严厉的指责："或曰：'甚矣！传书之不果也。'曰：'不果则不果矣，又以巫鼓。'"（《法言·君子》）果，实。不果即不得其实。扬雄认为，那些掺杂谶纬的经书，不仅未得圣人之学的实质，反而起到了鼓吹迷信思想的作用。正是基于这些认识，扬雄对于汉代的经学大师慎重其词，鲜有称赞之语。例如，他在《法言·渊骞》篇中，不把董仲舒、夏侯胜、京房列为"儒"，只列入"灾异"；对于董仲舒、刘歆等人鼓吹的土龙致雨，扬雄表现出了不屑的态度："象龙之致雨也，难矣哉！"（《法言·先知》）不承认他们是儒学正统；他还认为公孙弘、董仲舒这两位以治《春秋》而任相的经师难称社稷之臣，比不上张良、陈平等人。

难能可贵的是，扬雄在批判异端，高举复兴仲尼之学旗帜的同时，并不主张机械地照搬古代圣人的学说。他旗帜鲜明地提出了"道有因革"之说，认为要发扬儒学正统，就应该结合时代特征，有所创新。有人问他："道有因无因乎？"扬雄答道："可则因，否则革。”（《法言·问道》）古代圣人的理论，可以适应时代特征的就继承下来，不能适应时代的，就要加以变革。这一思想和他在《太玄》中的有关论述是一致的。《玄莹》中说：

> 夫道有因有循，有革有化。因而循之，与道神之；革而化之，与时宜之。故因而能革，天道乃得，革而能因，天道乃驯。夫物不因不生，不革不成。故知因而不知革，物失其则；知革而不知因，物失其均。革之匪时，物失其基，因之匪理，物丧其纪。因革乎因革，国家之矩范也。矩范之动，成败之效也。（《太玄·玄莹》）

这就是说，有因有革是事物发展的普遍规律。因而能革，才能合乎自然；革而能因，才是顺乎规律。新事物是从旧事物生出来的，所以说“不因不生”，但是如果无所改变，新的也就不成其新了，这就是“不革不成”。因而不革，就违反了新旧交替的规律；革而不因，事物的发展就失去了连续性。改革要合乎时机，否则就会失去原来的基础，这就是“物失其基”；因袭要合乎道理，否则就违反了变化的规律，这就是“物丧其纪”。

扬雄指出，社会历史是发展变化的，孔子等圣人创立经典都是“应时而造”，把儒家之道寓于文字之中。他说：“易始八卦，而文王六十四，其益可知也。诗、书、礼、春秋，或因或作，而成于仲尼，其益可知也。故夫道非天然，应时而造者，损益可知也。”（《法言·问神》）他还以唐虞三代为例说明这个道理：

> 或曰：“以往圣人之法治将来，譬犹胶柱而调瑟，有诸?”曰：“有之。”曰：“圣君少而庸君多，如独守仲尼之

道，是漆也。”曰：“圣人之法，未尝不关盛衰焉。昔者尧有天下，举大纲，命舜、禹；夏、殷、周属其子，不胶者卓矣！唐、虞象刑惟明，夏后肉辟三千，不胶者卓矣！尧亲九族，协和万国；汤、武桓桓，征伐四克。由是言之，不胶者卓矣！礼乐征伐自天子所出，春秋之时，齐、晋实与，不胶者卓矣！”（《法言·先知》）

如果拘泥于圣人的法度，就像用胶粘住琴柱又要调琴的音调一样，是不可能正确把握圣人之道的。历史上尧舜禅让、三代传子，尧舜用象刑、夏后用肉刑，尧协和万邦、汤武征伐，对比变化是非常明显的。所以，必须结合实际来理解和领会圣人之道，继承那些适应新时代要求的内容，适当变通那些已经过时的具体结论以适应新的形势，这就是“新则袭之，敝则益损之”（《法言·问道》)。扬雄写作《法言》一书，正是以先秦儒学精神为指导，结合汉代的具体历史现实，创造新时代的内圣外王之说（详见本书第四章、第五章）。

五　人人皆可成圣

扬雄的圣人观最有价值之处在于，他在圣人被无限拔高，被不断神化的文化大背景下，以其独具个性的勇气和魄力，在《法言》中表达了人人可以成为圣人的思想。同时，扬雄在字里行间也透露出自己要做当代圣人的志向。

圣人可成的思想和成圣的意愿，在先秦儒学大师中普遍存在。孔子虽未曾以圣人自许，但“如有用我者，吾其为东周乎”（《论语·阳货》）的感叹，无疑显露出他成圣以治世的抱负；孟子在“圣人与我同类”（《孟子·告子上》）的前提下，毫不掩饰自己的成圣志向：“如欲平治天下，当今之世，舍我其谁也？”（《孟子·公孙丑下》）荀子更是明确地道出“始乎为士，终乎为圣人”（《荀子·劝学篇》）和“故学者，固学为圣人也”（《荀子·礼论》）的为学目的。

扬雄继承并发扬了儒学先辈的这些思想。他指出，圣人虽然伟大、崇高，但与普通人之间并不存在不可逾越的界限。他形象地比喻道：

> 或问：“鸟有凤，兽有麟，鸟、兽皆可凤、麟乎？”曰：“群鸟之于凤也，群兽之于麟也，形性。岂群人之于圣乎？”（《法言·问明》）

李轨对这段话的注解是：“鸟兽大小，形性各异；人之于圣，肺藏正同。”意思是说，鸟和凤、兽和麟之间的差别，是种类的差别，群人和圣人之间是同类，不存在不可逾越的鸿沟。扬雄的这一说法，是孟子“圣人与我同类”的继承和发展，旨在说明人人都可成圣。

为了充分张扬人人都可成圣的观点，扬雄还对“五百岁而圣人出”的观点提出尖锐批评：

> 或问：“五百岁而圣人出，有诸？”曰：“尧、舜、禹，君臣也而并；文、武、周公，父子也而处。汤、孔子数百岁而生。因往以推来，虽千一不可知也。”（《法言·五百》）

五百岁而圣人出，最早是孟子在《孟子·尽心下》中提出的，在汉代非常流行，司马迁在《史记·太史公自序》中多次提到这一命题。扬雄以史为证，反驳这一说法。他指出，尧舜禹这三位圣人是君臣关系，生活在同一时代；文武周公之间是父子关系，三位圣人同在一家；他们之后数百年才有了孔子。由此推算，并不存在每隔五百年产生一个圣人的规律，千年或一年出一个圣人都是可能的。有不少论著，受传统研究模式的影响，多从反历史循环论、反天命论的意义上来阐释扬雄对“五百年必有王者兴”的批判。笔者认为，扬雄在这段话里并不是把批判的锋芒指向某一个持这种观点的人，他反驳的是这一流行的说法。既然圣人的出现不受时间间隔的限制，那么人人都可以成圣就是顺理成章的了。显然，扬雄对这一流行命题的批判，旨在为人人都可以成圣扫清理论上的障碍。

扬雄不仅表达了人人都可以成圣的观点，而且为世人指出了成圣的途径：

> 圣人耳不顺乎非，口不肄乎善；贤者耳择、口择；众人无择焉。或问“众人”。曰：“富贵生。”“贤者。”曰：“义。”“圣人”。曰：“神。”观乎贤人，则见众人；观乎圣人，则见贤人；观乎天地，则见圣人。天下有三好：众人好己从，贤人好己正，圣人好己师。天下有三检：众人用家检，贤人用国检，圣人用天下检。天下有三门：由于情欲，入自禽门；由于礼义，入自人门；由于独智，入自圣门。（《法言·修身》）

从这段材料看，圣人、贤人、众人之间的差异表现在追求不同、道德境界的高下有别以及对道德践履的程度不一。所谓“独智”

和“神明”，是指高度自觉的境界而言，并非普通人所不可企及。扬雄的这一认识和荀子有相通之处。《荀子·劝学》云：“其义则始乎为士，终乎为圣人。真积力久则入。”《荀子·不苟》云：“诚心守仁则形，形则神，神则能化矣。诚心行义则理，理则明，明则能变矣。变化代兴，谓之天德。”又《荀子·劝学》云：“积善成德，而神明自得，圣心备焉。”汪荣宝疏解《修身》篇这段文字时认为：“礼义为人禽所由分，以有礼自别于禽兽者，乃为人之始。由是而真积力久，以驯至于神明之域，则睎圣之事也。”① 汪氏对《法言》这段话的理解，可谓颇得扬雄真义。

“由于独智，入自圣门”是从理论上讲成圣的可能性。这种可能性转变为现实性，要靠人的主观努力。扬雄指出，成圣者首先要树立“睎圣”的志向：

> 睎骥之马，亦骥之乘也。睎颜之人，亦颜之徒也。或曰：“颜徒易乎？”曰：“睎之则是。”曰：“昔颜尝睎夫子矣，正考甫尝睎尹吉甫矣，公子奚斯尝睎尹吉甫矣。不欲睎则已矣，如欲睎，孰御焉？”（《法言·学行》）

睎，《说文》曰：“睎，望也。”经传典籍多做“希”，义同希望，表示一种意向性愿望。骥，良马，骥之乘，犹言骥之同类。颜，指颜渊。此段大意是说，希望自己成为良马的马，就是骐骥的同伴；希望自己成为颜渊一样的人，本身就已经是颜渊的同类了。虽然成为颜渊那样的人很不容易，但只要确立了志向，就完全有可能做到。扬雄还以历史上的众多事例为证：颜渊曾立志成为孔

① 汪荣宝：《法言义疏》，中华书局，1987年版，第106页。

子一样的人，正考甫要向尹吉甫看齐，公子奚斯也曾经想做尹吉甫之类的人。扬雄在这里想要表达的意思是，一个人最终能成为什么样的人，在一定意义上取决于他的志向，如果志向坚定，就没有什么可以阻挡其实现。他虽然没有在这里明确提出“睎圣”的口号，但“睎圣”就能成圣是不言而喻的。宋代大儒周敦颐继承并发挥扬雄的这一思想，明确提出：“圣希天，贤希圣，士希贤。”（《通书·志学》）周子认为道德修养就要以比自己高一个层次的境界作为努力的目标，可谓深得扬子真昧。

有了睎圣之志，还需要不断提高道德修养，才能向成为圣人的目标迈进。这就是《学行》篇中所说的：“是以君子贵迁善。迁善者，圣人之徒与!”迁，迁移，引申为向一定目标努力。只要努力向善，不断提高自己的道德境界，就可以成为和圣人同类的人。这里有一个问题，那就是如何理解这句话中“圣人之徒”的“徒”字。查《汉语大词典》[1]，“徒”字共列出14义，其中有“门徒”“同类的人”二义，于此均通，但其义差别甚大。李轨注此“徒”字曰“徒犹弟子也”，后世学者多从李注。笔者认为如此理解似乎有失扬子本义，这个“徒”字应按“同类”理解为妥。扬雄在《法言》中多处使用“徒”字，如：《学行》：“睎骥之马，亦骥之乘也。睎颜之人，亦颜之徒也。或曰：‘颜徒易乎?’曰：‘睎之则是。’”这两个“徒”字，明显是“同类”之意；又《渊骞》中：“是夷、惠之徒与?”此处之“徒”字，显然应解释为与伯夷、柳下惠同类的人；再有《孝至》篇：“吾闻诸传，老则戒之在得。年弥高而德弥邵者，是孔子之徒与?”真正能做到随着年龄的增长而德行日进的人，称得上是和孔子同类的

① 汉语大词典出版社，1997年版。

人。如果把“迁善者，圣人之徒”的“徒”字理解为门徒弟子，显然就掩盖了扬雄人人可以成圣的思想。

扬雄还进一步指出，弘扬圣人之道是一个永无止境的事业。每一个有志的儒者，都可以为儒家学说的发展和儒家理想的实现做出自己的贡献。《法言·学行》说：

> 曰：“有教立道，无止仲尼；有学术业，无止颜渊。”或曰：“立道，仲尼不可为思矣。术业，颜渊不可为力矣。”曰：“未之思也，孰御焉？”

“无止”，行世各本皆作“无心”，汪荣宝据“天复本”改为“无止”。术，俞樾认为当读作“述”[①]。这段话是说，只要自己有能够教人的思想，就要创立自己的学说体系，而不要拘止于孔子的言论；只要学有心得，就要把自己的想法说出来，不要以是否符合颜渊的标准为局限。学无止境，道无终极，每一位用心潜思的儒者，都可以成为有功于儒道的圣贤。在这一认识的基础上，扬雄不加掩饰地表达了自己要做圣人的志向：

> 山岖之蹊，不可胜由矣；向墙之户，不可胜入矣。曰：“恶由入。”曰：“孔氏。孔氏者，户也。”曰：“子户乎？”曰：“户哉！户哉！吾独有不户者矣。”（《法言·吾子》）

山岖之蹊，指艰险、有阻碍的山坡小路。户，指门户。在这段话中，扬雄以险峻的山坡小路难以通行、面墙而开的门户难以通达

① 转引自汪荣宝：《法言义疏》，中华书局，1987年版，第44页。

室内为喻，意在说明诸子之学不可能引领人们走入圣道。如何才能晓达圣人之道呢？扬雄回答：可以通过孔子的学说，孔子就是引导人们的门户。有人问他是否算得上是引领人们走向正道的门户？扬雄肯定地回答：自己就是这种门户。正是因为要做引导众人走向正道的门户，扬雄才有决心和勇气自比孟子："古者杨、墨塞路，孟子辞而辟之，廓如也。后之塞路者有矣，窃自比于孟子。"（《法言·吾子》）

第二节　从《法言》篇目的内在逻辑看扬雄的成圣之志

在前文的讨论中我们谈到，在圣人被神化、被肆意歪曲的文化氛围之中，扬雄重新阐释了儒家圣人观，还圣人以理性智慧和伦理极至的本来面目。在重申孟荀圣人可成思想的同时，扬雄也表达了自己要做一位当代圣人的志向。如果说上一节中对扬雄成圣之志的分析尚缺乏足够的说服力，那么，我们对《法言》全书做一番细致深入的考察，就可以找到更具说服力的证据，从而昭显扬雄的成圣意愿。

《法言》是拟《论语》而作，属于语录体著作，全书由十三篇正文和附在《孝至》篇末的《序》构成。根据扬雄自述，此书是他把平时和人辩论、答问的一些言论加以整理而成，所以各篇由一条条看似互不连贯的语录组成。但和《论语》相比，《法言》是出自扬雄一人之手，并非后人辑录之作，他在整理编辑章句的时候，应该不是随意而为。和汉代其他著作一样，《法言》文末有一篇《序》，阐释各篇主旨和撰写意图，这说明扬雄在编辑篇目时是有一个通盘考虑的，每篇都有一个核心议题，篇与篇之间也存在着逻辑上的联系。为了准确地阐释《法言》，我们有必要对全书编辑逻辑加以探寻，尽管这一工作难免与本书其他章节的内容有所重复，但笔者认为有必要做一番钩沉索隐。

通过考察，我们可以发现《法言》全书贯穿着一条“成圣”的主线。三百三十余条正文，逐次展现了扬雄的成圣之志，以及他以当代圣人自居，为世人建中立极的逻辑进程。

一　表成圣之志

《法言》的第一篇是《学行》，《法言·序》称：“天降生民，倥侗颛蒙，恣乎情性，聪明不开，训诸理，撰《学行》。”“倥侗颛蒙”，指生民之初蒙昧无知的未开化状态；“训，导也”，所谓“训诸理”就是用道理加以引导、训教。在这段序文里，扬雄道出了此篇的主旨是要阐明“学”的必要性。通观《学行》篇正文的内容，扬雄主要围绕着为什么要学、学什么、怎样学、学的目标是什么这几个问题来展开论述。扬雄首先明确学可以使人摆脱蒙昧，走向文明，可以塑造完美的人格。至于学的内容，就是作为“天之道”在人间体现的“仲尼之道”。学要有所成，首先要有一个正确的态度，还要有“满而后渐”的进取精神，要用正确的方法不断向目标迈进。扬雄还强调，“学”不仅是“为道”的“大人之学”，而且是“尧、舜、禹、汤、文、武汲汲，仲尼皇皇”，“其已久矣”的“王者事”，就是一代圣人孔子，也只是这一事业的一个传道者（《法言·学行》）[1]。永无止境的弘道事业

---

[1] 本节讨论《法言》各篇，梳理全书的思想脉络，以下凡引用所在篇内容，不再单独注出。

需要众多儒者不懈的努力。作为普通士人完全可以把自己投身于这一事业之中，因为“马”与“骥”，“人”与“颜渊”之间，并不存在不可逾越的鸿沟，只要前者把后者作为努力的方向和目标，就在一定意义上和后者属于同类了，这就是扬雄喊出的口号：“睎之则是”，“如欲睎，孰御焉？”

紧随《学行》之后的《吾子》篇，由扬雄反思自己早年“好赋”的经历切入，经讨论“辞人之赋”与“诗人之赋”的区别，进而讨论如何明辨红紫之色、郑卫之声，随后自然地点出主题——在“众言淆乱”的局面下，应以“五经”和圣人之道作为衡量一切的准绳，而不应迷失于诸子之学。仲尼之道和诸子之学的对比是《吾子》篇中反复出现的内容，扬雄认为诸子之学虽然表面华丽，但不利于教化，容易把人们引入歧途。这也就是《法言序》所谓的“降周迄孔，成于王道，终后诞章，乖离，诸子图徽”。在混乱的思想界，世人应该立住根本，提高自己的明辨力，自觉地抵御诸子之学。扬雄还认为，“诸子各以其知舛驰”的局面和孟子时代“杨、墨塞路”的情况极其相似，他大胆地说出“窃自比于孟子”，意谓自己也要像孟子那样，做孔子之学的维护者。在扬雄看来，孔子是引导人走入正道的门户，扬雄自己也要作引导世人的门户。如果说《学行》篇重在说理，那么《吾子》篇则具有强烈的现实针对性，同时也是扬雄亮明自己使命的宣言。

圣人之学是一个神圣崇高的事业，儒学受到异端思想冲击的现实呼唤圣人的出现。要投身于圣人之学，必先廓清儒学发展道路；欲担当这一历史使命的人，应该具有圣人般完美的道德人格；要成就完满的道德人格，就要从修身养性做起。这就是《修身》篇所要说明的主旨。《修身》篇开篇第一条即以射箭为喻，说明修身的重要性。第二条论人性善恶相混，点明了修身的起点和向善的可能性，进而提出了“强学而力行”的修身原则。在这一篇中，扬雄提出了在学习和生活中增进道德的具体方法，对仁、义、礼、智、信等德目之间的关系做了探讨，突出了礼的重要性。有人问怎样不断地修正自己，扬雄明确地回答：“治己以仲尼。”即以孔子为道德楷模，以成圣作为修养的目标。正因为明确了成圣的目标，扬雄在《修身》篇中反复论述圣人的话题，指出众人、贤人、圣人的区别表现在多个方面，圣人的特质表现在以“神明”为追求、以为师为己任、以“独智”为本质。圣人虽与一般普通人有本质的区别，但并非“众人”所不可企及。一个人只要“微慎厥德”，在日常生活的细微之处不放松自己，做到“言不慚，行不耻”，就是孔子也要对这样的人表示敬畏。

以上三篇构成全书的第一部分，“圣人可成”“我要成圣”是扬雄在字里行间透露出的一个明确的信息。不管是《学行》篇的“睎之则是”，还是《吾子》篇的“吾岂不户哉”，再有《修身》篇的“治己以仲尼”，我们从中不难看出扬雄自己要做当代圣人的冲动。可以说，这三篇联合构成了扬雄的“成圣宣言”。

二　明圣人形象

表露了要做当代圣人的志向之后，扬雄在《法言》的第二部分，即随后的三篇里，从不同角度对他心目中的圣人形象做了描述。

扬雄所崇尚的圣人，是儒家的圣人。作为儒家的圣人，自然有区别于其他各家圣人的特质所在。这一特质，在扬雄看来就是“道”，正确地把握这一“道”，是成为圣人的关键所在。《法言·

序》所说“芒芒天道，昔在圣考，过则失中，不及则不至，不可奸罔”讲的就是这个意思。《问道》篇就是围绕这一问题展开论述的。扬雄首先把“道”定义为像道路、江河一样，能够指向某一个明确目的地，“适尧、舜、文王者为正道”，通往其他方向的都是邪路。道德仁义礼是一个完整的整体，扬雄明确反对《老子》反仁义、反礼学的立场，在《问道》开篇就表明了自己的儒家本位立场。扬雄强调，儒家的“道”蕴含在天道之中，只有圣人才能把握“道”并启发引导人民，“惟圣人为可以开明”，圣人之言是“道”的表现形式，所以，圣人之言对于人民来说像水火一样，“测之而益深，穷之而益远”，“用之而弥明，宿之而弥壮”。儒家“圣人之道”从礼乐中体现出来，更具体地说，中原地区的礼乐文化代表着儒家之道的正统。不仅如此，扬雄还提出历史上的先王之“道”不应机械地照搬，“可则因，否则革”，“新则袭之，敝则益损之”。基于这一认识，扬雄在批判兵家权谋思想、法家思想和道家思想的同时，也对各家思想有所肯定，认为其中有些思想有可以借鉴的价值。由此可见，扬雄在新的历史条件下重新构建儒家理论体系的心迹。

《问道》篇讲的是圣人的本质在于对“道”的把握，随后的《问神》篇则是在认识论层面上论述圣人如何能够把握“道”，如何用“道”来启导世人。扬雄首先把“神”定义为“心”的认识能力，他指出人心的认识能力非常强大，就连“神明而不测”的天地也可以认识、把握。“天神天明，照知四方；天精天粹，万物作类”，其中所蕴含的“道”，只有到了圣人的境界才能够把握。圣人把握了“道”，又通过经典的方式向世人讲解，引导世人。这就是“神心忽恍，经纬万方，事系诸道、德、仁、义、礼”（《法言·序》）。语言和文章都是用来表达思想的，圣人能够准确地运用语言和文章来表达自己的思想，经典是圣人“应时而造者”，其中的损益都是出于宣讲“道”的需要，所以，读经典就是要体会出其中圣人的寓意。谈到经典，扬雄顺便又谈到了如何正确理解儒家经典以及如何认识各家学说之间差异的问题，再次重申了坚持儒家立场和对各家有所取舍的原则。

《问明》篇围绕着和认识有关的“智”来展开论述。不同于《问神》篇，《问明》的主题是明哲保身，即如何运用智慧避免现实生活中的祸端，以求保全自身，这就是《法言·序》中总结的：“明哲煌煌，旁烛无疆，逊于不虞，以保天命，撰问明。”《问明》篇认为真正的智慧是能够明察幽微之事的大聪明，也就是所谓的“明”，只有圣人才具备这种大聪明、大智慧。这种大智慧的一个重要作用是使“杀身者远矣”，即避免现实生活中的祸端。为说明这一问题，扬雄讨论了命的问题，认为所谓命是“天之命也，非人为也，人为不为命”，在人为的范围之内，人有趋吉避凶的自主权。投身圣人之道的君子应该“谨于言，慎于好，亟于时”，但这绝不等同于随波逐流，君子无论在治世还是在乱世都应该保持自己的操守，就像龙一样根据时机选择隐现潜升。明哲的最根本目的在于既保持名节又“活身”，要做到这一点就要进退“由道”。做到了明哲，就可以使自己的学问贯通，行道于世。

《问道》《问神》《问明》三篇，从不同角度阐发了扬雄对圣人的理解，为读者描述了作者心目中的圣人形象，同时为在新时代背景下应做怎样的圣人指明了方向。

三　行圣人之事

《法言》一书的后半部分——从《寡见》到《孝至》，由论理明志转而展开对现实问题的讨论，这七篇组成了《法言》的第三部分。

《寡见》篇开头就以“遐言”和“迩言”分别比喻圣人之道和异端学说，指出所谓的“先王之道满门”只是一个假象，大多数人所喜好的并非圣人之道。同时，圣人之学受到了来自异端肤浅学说的冲击，自身也暴露出一些弊端。指出儒学所面临的危机之后，扬雄再一次重申圣人之道就体现在“五经”之中，世人学子应该以“精而精之”的态度去研习“五经”。然而当今学者，对“五经”不是精心研读体会，而是不断对“五经”加以藻饰，使之变得烦琐杂乱，偏离了圣人作经的初衷。为说明这一点，扬雄引用《说苑·君道》篇中所载孔子关于“侍君子以博奕”的一段话为例，具体解说了应该如何理解圣人之言。在经过几句对圣人经典的赞美之后，《寡见》篇转而讨论儒学的真谛。扬雄借吴起之口说出：国家的平安与否不取决于河山的险固，而是取决于是否行德政。随后，扬雄又对比周政和秦政，指出了秦国灭亡的原因，又从仁德观念出发批评了桑弘羊的盐铁专营政策，进一步强调了仁政是儒学的真谛。

关于《五百》篇的主旨，《法言·序》说：“圣人聪明渊懿，继天测灵，冠乎群伦，经诸范，撰《五百》。”从这段文字看，《五百》篇涉及圣人为人世立法这一主题，是讲圣人作为的。此篇第一章内容批驳“五百岁而圣人出”的说法，提出圣人的出现不受时间间隔的限制，“虽千一不可知也”，千年出一个和每年出一个圣人都是可能的。扬雄对汉代这一流行观念的反驳，旨在为自己也可以成为当代圣人扫除理论障碍。紧接着，扬雄借对孔子言行的探讨指出，圣人的历史使命是“信（伸）道”，圣人所看重的是“道”是否行于世，而不是世俗的利禄。扬雄引用鲁地两位儒生拒绝叔孙通征召的事例，说明要行道于世必须坚持原则。他还指出，孔子不为当时王者所用，是因为受到了当时统治者自身素质的局限。这些事例说明，儒家之道能否行于世，要受种种条件限制。孔子在世时没能实现他的理想，弘扬仲尼之道的历史使命就落到了后世儒者的身上——“之后世君子”，这其中显然不乏扬雄自我勉励之意。扬雄还说，作为后来者必须有“仕则欲行其义，居则欲彰其道，事不厌，教不倦”的弘道精神，还要珍惜自己的时间（“爱日”），投身于弘扬孔子之道的事业。在对圣人的言论进行了又一番赞美之后，扬雄指出圣人的作用在于“矢口而成言，肆笔而成书”——以理论创作的形式为人世立法。作为生活在具体时空中的圣人，需要“聆听前世，清视在下”，把孔子之道的原则在新的历史条件下加以弘扬。“或问‘礼难以强世’”一章，旨在点出要发挥儒学中礼教的作用，为世人提供行为的规范。在《五百》篇的最后，扬雄通过对庄、杨等学说的批判，重申必须清除诸子异端学说的影响，准确理解和把握儒家思想。

《五百》篇指出圣人的使命是为人世立法，又阐明了礼教的意义。在随后的《先知》篇里，扬雄围绕治国之道进一步展开论述。《法言·序》说：“立政鼓众，动化天下，莫尚于中和。中和之发，在于哲民情。”这段话点明以体察民情为基础的“中和之道”是最好的治国原则。扬雄所推崇的“中和之道”，就是以仁政为核心的儒家政治理想。《五百》篇对“中和之道”的具体解释包括：国君的个人道德修养问题关乎国家政治的好坏；治理国家的关键是首先考虑人民的“思斁”，要发挥礼乐教化在社会政治中的作用；反对“先杀后教”等等。虽然这些内容大多都在先秦儒家的著作中反复出现，但扬雄在此绝非对以往理论的简单重复，而是有很强的现实针对性。值得注意的是，扬雄在强调儒家仁政社会理想的同时，对法家治国理论有所肯定和吸取，这说明他已经意识到，坚持先秦儒家政治理论原则和立场的同时，还要发展儒家政治思想，使儒学不断适应时代发展的需求。我们由此可以看出，扬雄立足当代，建构新时期儒家治国理论的博大胸怀。

《重黎》和《渊骞》两篇在《法言》中比较特殊。晋李轨《法言》注本的《序》里，这两篇是合在一起概括的，《汉书·扬雄传》所录《自序》这两篇则分别有序文，以后的版本都沿袭了《自序》所录的序文。唐代柳宗元怀疑《渊骞》的序文是后人妄加，或班固所作，这一意见得到了宋祁的支持。宋祁认为这两篇内容“皆论春秋以后国君、将相、卿士、名臣之事，本为一篇，以文字繁多，故中析为二”①。柳、宋二人的意见成立与否并不重要，值得注意的是他们指出了这两篇内容的共同之处，那就是以大量的篇幅来评论历史人物和历史事件，这在两汉时期的著述中非常突出，徐复观由此认为《法言》的这两篇是扬雄拟《春秋》而作②。徐氏的这一判断非常中肯。扬雄之所以要撰写这两篇，就是用孔子“以褒贬为万世立人极”的方法接续《春秋》，

① 转引自汪荣宝《法言义疏》，中华书局，1987年版，第572页。

② 参见徐复观《两汉思想史》第二卷，华东师范大学出版社，2001年版，第308页。

以儒家之道为标准对孔子以来的历史人物和事件加以品评，这种“一概诸圣”的品评含有为世人树立道德规范的意味①。

《重黎》篇并没有直接进入对人物和事件的品藻，开头的四章看起来似乎让人摸不着头脑：当代羲和与古代的重黎，《黄帝终始》之类的委托之事，浑天与盖天之说，“赵世多神”的虚妄迷信。如果我们仔细揣摩就可以发现，这几条内容都和汉代天的观念和天文学知识有关，而当时人们对历史的认识恰恰是受到了天人感应思想的困扰。扬雄是想通过这些事例说明一个道理：历史并不神秘。正如羲和之官就是古代的重黎一样，历史存在着古今一致的连续性，看似神秘莫测的天是可以认识的，至于那些迷惑人的虚妄迷信，自有其存在的社会心理根源。扬雄坚信，在纷繁复杂的历史现象背后存在着规律性的东西。在随后的论述中，他提出了“天人相因”的历史观，指出历史的发展是天、地、人共同发挥作用的结果。这里所说的天是自然之天，其理论锋芒显然是针对着神灵之天；“天人相因”意在承认人的因素在历史发展过程中发挥着不可替代的作用。这些论断在天人感应思想盛行的汉代无疑具有进步意义。在此基础上，扬雄指出历史发展的根本规律还不仅限于此，他通过对秦汉之际那段惊心动魄历史的反

① 杜维明认为：“撰写历史就是一项以整个人类社会的名义而实施的政治行为。孔子改编《春秋》时所怀的战战兢兢的感觉，一如《孟子》中所评说的那样，表明编纂历史需要某种预言的氛围，以及未来是树立标准的庄严态度。”参见杜维明《道、学、政——论儒家知识分子》，上海人民出版社，2000 年版，第 8 页。又：司马迁《太史公自序》中引壶遂言曰：“孔子之时，上无明君，下不得任用，故作《春秋》，垂空文以断礼义，当一王之法。”孔子据乱世作《春秋》。乱世无王者，所以以孔子作《春秋》是在行王者之权。孔子作《春秋》用鲁史记不用周史记原因亦在乎此。所以公羊家可以说春秋是继周之后以孔子为王的一代，故曰孔子作《春秋》是“应天作新王之事”。孔子作春秋为后王立法，扬雄拟春秋为人世立极，二者初衷是相同的。

思得出结论——刘汉政权能取得最终的胜利，除了一些客观有利因素之外，主要是因为得人心。扬雄不反对天命思想，但他所说的天命，在一定程度上是人民意志的体现，这是儒家民本思想的一贯原则。在扬雄看来，不仅政治斗争的胜败，就连一个人的成败荣辱也取决于其言行是否符合“圣人之道”。《重黎》和《渊骞》对人物的品评就是在这一基点上展开的，这也就是《法言·序》中所说的“一概诸圣”原则。相对于政治斗争而言，扬雄更关心个人的成败荣辱，所以《重黎》和《渊骞》用了更多的笔墨来对历史人物加以品评。值得注意的是，扬雄衡量历史人物标准的“圣人之道”，已经不是原始意义上的儒家之道，而是他所理解的新时期儒家圣人的价值标准，也就是在《问道》《问神》和《问明》篇里所确立的圣人的价值标准。扬雄对人物的评价主要有两个视角，其一是用儒家的仁、忠、德、勇、信等德目为参照，对历史上或当代的人物加以臧否，论其功过得失；其二是用能否做到明哲保身为标准，评价一些有影响的人物在具体历史事件中的表现。综合这两个评价标准，我们可以看出扬雄最为推崇的是既能保持高尚的气节和操守，又能在险恶的世道中保全自身的人。正是基于这一认识，扬雄在这两篇的收尾之处，写了在《法言》全书中最长的一章，极力赞扬“不屈其意，不累其身”“不夷不惠，可否之间也”的李仲元。

在对孔子以来的历史事件和历史人物加以条陈和品藻之后，扬雄又阐述了如何以圣人之道作为道德建设的准则，塑造符合儒家价值标准的完美人格，这就是《君子》篇所论述的内容。扬雄认为，所谓君子应该符合三条标准，这三条标准就是《法言·序》所说的：“君子纯终领闻，蠢迪检柙，旁开圣则。”李轨注：“纯，善也；领，令也；闻，名也。言善于终而有令名也。”“纯终领闻”

是指君子善于造就自己美好的名声。“蠢，动也；迪，道也；检柙，犹隐括也。言君子举动则当蹈规矩。”“蠢迪检柙”意谓君子行为合乎道德规范。“开，通也；则，法也。”“旁开圣则”就是君子能全面地理解圣人之道的意思。君子的这三条标准同时也是世人成就完美人格的努力方向。一个人如何能够获得美好的名声？扬雄认为应该首先做到“自敬”“自爱”，因为“人必其自爱也，而后人爱诸；人必其自敬也，而后人敬诸”。其次，要以“全其德”的精神追求道德的完美。获得道德的完美要求人的言行符合道德规范，要做到这一点不仅要“进以礼，退以义”，处处严格要求自己，而且做到表里如一“弸中而彪外”。行为是否符合道德规范的关键是准确理解和把握圣人的学说，而准确理解圣人的学说首先要排除诸子异端思想的干扰，这就是扬雄在《君子》篇里用大量笔墨阐述圣人之学和诸子之学区别的原因所在。

《孝至》是《法言》正文的最后一篇。孝是汉代最为重要的道德观念，提倡“孝治”是汉王朝建立其统治秩序的根基之一，因此历代史家有“汉以孝治天下”的说法，扬雄自然不会不考虑孝在道德建设中的作用。他对孝也是非常推崇的，《孝至》篇的开头部分对孝道的重要意义和如何尽孝进行了论述。他指出孝是“一言而该”的众德之首，人们应该以“爱日”的态度侍奉双亲，严肃、恭敬地对待祖先祭祀等等。扬雄认为孝的意义和作用还不仅限于此，他说：“孝莫大于宁亲，宁亲莫大于宁神，宁神莫大于四表之欢心。”（《法言·序》）孝的最高境界是使父母得到安宁，使父母安宁的最好办法是让宗庙里的神灵得到安宁，而要使宗庙里的神灵安宁，没有比让四方人民内心欢喜更好的办法了。这样一来，本来属于家庭伦理范畴的孝就成了国君治理国家、处理民族关系的指导思想。在《孝至》篇的后半段，扬雄反复强调不要用战争的方式来处理和周边少数民族的关系，国君应该感化边远地区的人民，使他们慕风归顺。

作为全书的结尾，《孝至》里也有一些内容是对以前各篇的补充，其中最后两条还涉及王莽时期的政治。但总的看来，《法言·序》中所概括的逻辑线索还是很清楚的。

从《寡见》到《孝至》，扬雄较为系统地对当时各种现实问题提出了自己的见解。在学术方面，他对儒学的现状进行了批判，反复强调要廓清异端学说对儒学的侵蚀；在现实政治方面，他认为在新的历史条件下应该继承和发展儒家政治理论，对如何构建新时期儒家政治理论提出一些设想的同时，还就当时一些具体社会政治问题提出了自己的观点；在社会道德建设方面，扬雄运用孔子的"春秋笔法"，通过人物品评的方式，为世人树立了一系列道德规范，教导世人如何以圣人之道为准则修养自身，塑造完美的道德人格。如果说扬雄创作《太玄》是他在为天地立道，那么《法言》这一部分的创作目的，则是他以当代圣人自居，为人世立法。

通过对全书内在逻辑的探寻，我们可以看出，《法言》的三个组成部分，分别表露出了扬雄要成圣、成什么样的圣人、作为圣人为人世立法的完整心路历程。从这个意义上讲，《法言》是扬雄整个创作活动的总结，也是我们了解他的内心世界、正确把握扬雄思想主旨的重要依据。近人黄侃在其所作《法言义疏·后序》中称："杨子以希圣之资，遭五百之会，所为《法言》，继迹孟、荀，次于经传。"[①] 这段话，在肯定扬雄创作《法言》意义的同时，也明确指出了扬雄作书以成圣的心志，可谓点睛之笔。

---

① 转引自汪荣宝《法言义疏》，中华书局，1987年版，第1页。

第三章 《法言》中的内圣之学

儒学理论包括个人道德修养和社会政治理想两方面的内容。孔子以“己所不欲，勿施予人”（《论语·颜渊》）和“己欲立而立人，己欲达而达人”（《论语·雍也》）的忠恕之道作为处世原则，把处理人际关系的道德实践建立在个人道德水准的基础之上。《论语》中又讲“修己以安人”“修己以安百姓”（《论语·宪问》），同样是强调个人道德修养在政治实践中的基础地位。在被程朱称为“初学入德之门”的《礼记·大学》篇中，“成己成人”的儒学理论体系，被具体化为格物、致知、诚意、正心、修身、齐家、治国、平天下的梯级条目。八条目中前五条和后三条，分别对应着内圣与外王。如何通过自我努力而成为圣人，即所谓内圣之学，被历代儒家视为儒学的根基和出发点，有“垂文以待后世”之志的扬雄自然也不例外。

从总体上看，扬雄的内圣之学，更多地带有荀学的印迹，突出强调学与行在成就德行、成就圣人过程当中的意义。就内圣之学理论基础的人性论思想而言，扬雄表现出了在孟、荀基础上向孔子回归的意向。在对具体德目的诠解上，他以儒为本，又吸取众家之所长，赋予传统的儒家道德观以新的时代内涵。为了适应专制集权体制下知识分子的生存环境，扬雄发挥传统儒学中的有道则进、无道则退的思想成分，强调儒者在坚持操守的同时，也要有明哲保身的意识。

第一节 “善恶混”的人性论与修养观

人性论思想在中国古代伦理思想中占有非常重要的地位。徐复观先生曾有如是论断：“人性论不仅是作为一种思想，而居于中国哲学思想史中的主干地位；并且也是中华民族精神形成的原理、动力。”① 诚然，就中国古代思想家所关注的问题而言，不管是论证如何成为一个真正意义上的人，还是构建一个什么样的伦理体系，或是论证一种政治思想的合理性，都要从对人性的定位出发，以特定的人性论作为自己理论思辨的出发点。从这个意义上讲，关于人性的理论，是中国古代哲学、政治、伦理、教育乃至其他思想的理论基础。扬雄在《法言》中以当代圣人自居，就如何成为一个道德完美的君子，进而成为一个圣人发表了自己的见解。扬雄关于人性的理论，是建立在前人的理论基础之上的。要理解和把握扬雄的人性论思想，必须首先对以往儒家关于人性的思想理论做一番必要的梳理和分析。

一 儒家的人性论与修养观

中国古人很早就有了人性的观念。从字源上讲，“性”字从

① 参见徐复观《中国人性论史》（先秦篇），上海三联书店，2001年版，第2页。

心从生，从心说明是指人而言，从生说明和人的出生有关，二者合起来看，“性”或“人性”是指人与生俱来的特征、特性或资质。在成书于殷周之际的《尚书》和《诗经》中，我们就能见到涉及人性观念的表述。《尚书·召诰》中说：“节性，惟日其迈。王敬所作，不可不敬德。”这段话大意是说：“要节制改造天生的性情，使其天天有所进步。王应该恭敬谨慎，以身作则，不可不敬重德行。”《诗经·卷阿》中也有“俾尔弥尔性”的诗句，意思是“使您尽您的天性”。《国语》《左传》中也有不少地方提到“性”，但这些文献中的“性”大都指人的自然禀赋，是一般意义上的天性①。第一个从人的本性与道德修养关系的角度谈论人性问题的思想家是孔子。

《论语·阳货》记载：“子曰：性相近也，习相远也。”孔子在这里把“性”和“习”作为对应概念提出：“性”是人性的简称，指人人都具有的先天资质，是人后天发展的起点；“习”泛指人在后天所接受的环境、教育等方面的影响，也包括个人的主观努力和自主行为。孔子认为，人作为一个生命体在自然禀赋意义上是基本相近的，现实生活中人和人之间的种种差异是由后天因素造成的。虽然孔子并没有限定这句话的具体所指，但后人大都是在成就道德的意义上理解孔子的“性近习远”之说。孔子这段话在思想史上的意义，在于指出了人的本性具有可塑性，人既有可能成为有道德的君子，也有可能成为险恶的小人，道德修养的必要性和可行性就是建立在这种可塑性之上的。

---

① 傅斯年认为先秦典籍中没有独立的“性”字，其中的“性”字是汉代人由“生”字改写来的。在先秦，“性”与“生”是相互混淆的。有时指人天然禀赋的品质，尤其是指人出生这一事件。参见傅斯年《性命古训辩证》上卷，商务印书馆，1940 年版，第 1—41 页。

儒家所说的道德修养，是培养道德信念，成就完善人格的一系列理论和方法，在儒学思想体系中占有重要地位，内容也极为丰富。从某种意义上说，修养理论是儒家人生哲学的主要内容和特征之一，故有人据此称儒学为“修养之学”。对修养问题，人们往往把关注的焦点放在修养的方法，也就是后世所说的功夫上，很少有人注意到“修养”这个词本身。根据笔者粗略的考察，儒家使用“修养”一词，最早见于《二程遗书》卷十五《入关语录》中“修养之所以引年”一语。也就是说宋以前儒学典籍中并无“修养”一词。宋代以前，儒家的“修”和“养”是分开讲的。有关“修”的有“修己”①“修身”② 等词；有关“养”的有“养心”③“存养”④“养气”⑤ 等说法。如果我们考察一下这些文字现象，可以发现一个梳理儒家修养学说的新视角。

“修”，《说文》解释为“饰也”；《礼记·大学》有“修道之谓教”，郑玄注：“修，治也。”（《礼记正义》卷五十二）又《礼记·学记》：“君子之于学也，藏焉，修焉，息焉，游焉。”郑玄注：“修，习也。”（《礼记正义》卷三十六）从这几条有代表性的注释来看，“修”有两层含义：一为装饰、整治；一为实习、践行。由此可推断，“修”在“修养”中所侧重的是道德实践、道德行为以及行为标准等问题。“养”，《说文》谓：“供养也，从食、羊声。”“养”原意是培育的意思。“养”字在《孟子》中使

---

① 《论语·宪问》：“修己以安人。”

② 《易经·复·象》中的“不远之复，以修身也。”《礼记·大学》中的“自天子至于庶人，壹是皆以修身为本”等。

③ 《孟子·尽心下》：“养心莫善于寡欲”。

④ 《孟子·尽心上》：“存其心，养其性，所以事天也。”

⑤ 《孟子·公孙丑上》：“我善养吾浩然之气。”

用得最为频繁，它的宾词大都具有道德属性。至宋代又有“涵养”一词出现，“涵”字《说文》释为“水泽多也”，“涵养”即包容于水中，浸润，使之生长发育的意思。《二程遗书》卷十五有“涵养吾一”的说法，所谓“一者无他……此意但涵养久之，天理自然明”，可知“涵养”是指使“天理”得到滋养培育，最终能呈现出来的方法。把这些意蕴联系起来看，我们可以发现“养”在“修养”中所侧重的是道德的内在养成方面，指通过对道德本源的培养，使道德行为成为发自内心的自觉。

由以上疏考，我们可做如下推论：儒学中的“修养”作为成就道德的功夫，包含两方面的内容：一为“修”的方面，指在道德实践中不断地“修其不正以归于正”，对不符合道德标准的习行反复加以修正，使自己的言行符合道德标准，而且还要在日常生活中反复实践道德准则；“修养”的另一方面是“养”的功夫，即在道德生活中对主体内在道德源泉有意识地加以巩固、培育，使之存有不失，并不断扩充，以此保证对道德准则的自觉践履。把“修”和“养”两种功夫统一起来，就是“修养”。“修”与“养”从内和外、体和用两个方面保证了道德的存在、巩固、深化和实现。内外兼重、体用兼顾，统摄动机与效果，是儒家修养理论区别于其他道德学说的特征之一。这一理论的形成经历了一个历史过程，虽然历代儒家学者在各自的学说中对“修”和“养”或分而论之，或兼而论之，各有侧重①。他们的理论都建立在对人性的不同认识之上。

孔子是修养学说的首倡者，但他对人性问题的态度很谨慎，《论语·公冶长》记载子贡曾说：“夫子之文章，可得而闻也。夫

---

① 参见拙作《试论儒家修养学说》，《北京行政学院学报》2001年第4期。

子之言性与天道，不可得而闻也。”从《论语》中有关修养的内容来看，孔子对外在方面的“修”和内在方面的“养”都有所述。相比较而言，他强调外在规范和践履更多一些，这大概是由于孔子身处一个“君不君、臣不臣、父不父、子不子”（《论语·颜渊》）、诸侯“八佾舞于庭”（《论语·八佾》），道德准则和礼仪制度受到冲击破坏的时代。孔子大声疾呼“非礼勿视，非礼勿听，非礼勿言，非礼勿动”，号召建立符合道德准则的“君君、臣臣、父父、子子”的秩序社会（《论语·颜渊》）。孔子一再申述的“克己复礼”（《论语·颜渊》）这一命题就是要求人们“修”正自己的言行，以符合“礼”的标准。孔子关于改过从正的言论很多，如《学而》中的“过则勿惮改”，《子罕》中的“法语之言，能无从乎？改之为贵”，还有《卫灵公》中的“过而不改，是谓过矣”。由此不难看出，他很重视改正错误在道德修养过程中的作用。在言行二者之中，孔子强调力行的首要地位，如《学而》中“敏于事而慎于言”、《为政》中“先行其言，而后从之”、《里仁》中“君子欲讷于言而敏于行”，还有《卫灵公》中“言忠信，行笃敬”。除了这些侧重讲“修”的内容之外，孔子也注意到了培养内在的道德源泉，即发挥修养中“养”的功夫。他指出“我欲仁，斯仁至矣”（《论语·述而》），主体的自觉意向在道德形成过程中非常重要，所以立志是“成仁”的第一步。孔子自己“志于道，据于德，依于仁，游于艺”（《论语·颜渊》）的治学和生活原则中，就体现了他通过立志来树立道德本源的思想。他认为“苟志于仁矣，无恶也”（《论语·里仁》），有了要履行道德的志向，就能够“饭疏食、饮水，曲肱而枕之，乐亦在其中也”（《论语·述而》）。《论语》中还指明了修养目标：成为“圣贤”“君子”。可以说孔子中对道德修养的一些基本问题都有所涉及，但未深入展开。其后的《大学》《中庸》在建构修养理论框架方面，对《论语》有所补充①。

《大学》的贡献在于凸现了“修养”在儒学体系中的地位。“自天子以至于庶人，壹是皆以修身为本”，“八条目”清晰指出了“修身”是儒家理想实现的枢纽。“格物、致知、正心、诚意，都是修身的功夫，齐家、治国、平天下，都是修身的效果，这个身，这个人，便是一切伦理的中心点”。②《中庸》对儒家修养学说的贡献首先在于确立了“性”的根基地位，为道德的修养提供了一个本体论依据。“天命之谓性，率性之谓道，修道之谓教”，作为道德依据的“性”来源于天，“道”与“教”都以“性”为根基。其次，《中庸》指出存在“自诚明”和“自明诚”，“尊德性”和“道问学”两条成德路径，即明确了成德具有“修”（自明诚，道问学）与“养”（自诚明，尊德性）两种方法。对修和养的兼重意味着这样的一个论断：由道德本源的内养可达于外在的道德实践，外修也可内化、巩固道德本原。更值得注意的是，《中庸》提出了“情”在道德修养过程中的意义。“喜怒哀乐之未发谓之中，发而皆中节谓之和。”抽象的道德本原，只有通过个体的人的喜怒哀乐之情，才能转化为具体的社会行为，“中节”即是符合道德规范，反之就是不道德的。虽然《中庸》没有明确把情之未发的“中”就界定为“性”，但很明显是赋予“性”和

---

① 关于《大学》和《中庸》的成书年代和作者，曾经是学术史上一个有争议的问题，有不少人对传统的观点提出质疑。郭店楚墓竹简的出土为我们判断《大学》和《中庸》的成书时间提供了有益的帮助。李学勤著文认为，郭店竹简虽没有《大学》和《中庸》，但通过其他儒家著作可以推定“《中庸》出自子思，而且可以推论《大学》很可能与曾子有关。”参见李学勤《先秦儒家著作的重大发现》，《中国哲学》第二十辑，辽宁教育出版社，2000年版，第16页。

② 胡适：《中国哲学史大纲》，东方出版社，1996年版，第250页。

“情”以体用的意义。这就留下了一个问题：“性”之作为道德本体，其善恶性质并未明确。“性”为善，则“明”“诚”自然贯通。如“性”恶，“性”之“诚”则不合道德之“明”，修习之“明”也不符合“性”之“诚”。孟子和荀子的人性论就是从逻辑上来弥合这一论题的。

孟子持鲜明的性善论观点，认为“人皆有不忍人之心”，“恻隐之心”“羞恶之心”“辞让之心”“是非之心”是人与生俱有的善端，是一切道德行为的源泉（《孟子·公孙丑上》）。“仁义礼智”的道德准则“非由外铄我也，我固有之也”（《孟子·告子上》）。先天的道德源泉“求则得之，舍则失之”（《孟子·告子上》），“苟能充之，足以保四海；苟不充之，不足以事父母”（《孟子·公孙丑上》）。所以，必须对善端加以存养，“存其心，养其性”，便能“事天”“立命”，达到成德的目的（《孟子·尽心上》）。只要保有并充分发挥自己的善端，便自然会有“至大至刚”，可“塞于天地之间”的“浩然之气”（《孟子·公孙丑上》），便自会有“舍生取义”的高尚气节。当然孟子也讲到了“修”的功夫，如他讲“养心莫善于寡欲”（《孟子·尽心下》），存养善性必须克制与之相违的欲望。但从总体上看，孟子是重“养”的功夫。

荀子与孟子相对立，以性恶论为立足点，充分论证了“修”的功夫在成德中的作用。“人之性恶，其善者伪也。”（《荀子·性恶》）人与生俱来的自然本性是“目好色，耳好声，口好味，心好利，骨体肤理好愉佚”（《荀子·性恶》）。虽然如此，与道德本性相悖的自然人性却能与道德准则相贯通，因为后天的环境影响和主观努力对人成善还是成恶起着决定性作用。荀子所说的

“伪”，和孔子的“习”有某种相通的意味①，人如果“谨注错，慎习俗，大和靡（摩），则为君子矣，纵情而不足问学，则为小人矣”（《荀子·儒效》）。荀子形象地比喻说：“枸木必将待檃栝烝矫然后直；钝金必将待砻厉然后利。”（《荀子·性恶》）所以必须以“礼义”为标准对人加以约束、矫正，使人向善。

二 扬雄“善恶混”的人性论思想发微

荀孟虽然对人性的定性迥异，但在最终成德这一目标上却是殊途同归。正如钱大昕所言：孟子“欲人之尽性而乐于善”，荀子“欲人化性而勉于善。立言虽殊，其教人以善则一也”②。孟、荀二人一主内，一主外；一主“养”，一主“修”；一主自觉，一主教化。他二人分别论证了“修”和“养”这两种成德功夫的可行性和必要性。然而，性善论与性恶论都面临着进一步的困惑。性善论因现实生活中充斥着种种“恶”的习行而缺乏足够说服力，也难以有效地说明现实中人和人之间的差异；性恶论虽可补此不足，但立足于性恶，对道德行为“伪”的定位却又大损道德准则的神圣性。秦汉儒家人性论就在这一理论困窘的基础上展开，并力图弥合孟荀之间的对立③。综合起来看，这一时期人性论思想大多侧重强调道德修养中“修”的方面，这和汉代儒学理

① 参见廖其发《先秦两汉人性论与教育思想研究》，重庆出版社，1999年版，第25页。

② 《荀子·跋》，转引自《荀子集解》上册，中华书局，1988年版，第15页。

③ 蒙文通先生对此有过如是说法：“盖伏、陆之后，儒学渐昧，孟子之精深，为庸庸者所不能知，而荀卿之所偏激，又非其所愿，于是依公孙尼子之说，以立性善而情不必善之说，一世儒学，大抵若是。”参见蒙文通《古学甄微》，巴蜀书社，1987年版，第86页。

论中礼乐教化的大背景有关。相比之下，扬雄的人性理论有其独到之处。

扬雄在《法言·修身》中提出了他的人性论思想：

> 人之性也善恶混；修其善则为善人，修其恶则为恶人。气也者，所以适善恶之马也欤？

这段材料非常简要，没有进一步展开论述，因而显得费解。费解之处有二，一是善恶相混的“混”，二是“适善恶之马”的“气”。

首先看如何理解人性“善恶混”的问题。李轨注：“混，杂也。荀子以为人性恶，孟子以为人性善，而杨子以为人性杂。”汪荣宝认为“混”当读为“溷”，他举《说文解字》和《汉书·五行志》颜师古注文为据，指出“溷”是杂乱之意[①]。汪荣宝虽然提出了和李轨不同的训读，但他们对扬雄“人之性也善恶混”的理解其实是一致的，都认为人性不是纯粹单一的善或恶，而是既有善的成分又有恶的成分，善恶混杂在一起。至于扬雄善恶相混之说的思想来源，汪荣宝认为是先秦思想家世硕，他的根据是《论衡·本性》篇中的一段材料：

> 周人世硕以为人性有善有恶，举人之善性养而致之，则善长；恶性养而致之，则恶长。如此则性各有阴阳，善恶在所养焉。故世子作《养书》一篇。宓子贱、漆雕开、公孙尼子之徒亦论情性，与世子相出入，皆言性有善有恶。

① 参见汪荣宝《法言义疏》，中华书局，1987年版，第88页。

如果单纯从字面上对比，扬雄的表述确实和世硕的说法有相似之处。但是从晋代李轨以来，人们更多地认为扬雄的思想是对孟子和荀子人性论的综合，其中以司马光的评述最具代表性，他认为：

> 孟子以为人性善，其不善者，外物诱之也。荀子以为人性恶，其善者，圣人教之也。是皆得其一偏，而遗其本实。夫性者，人之所受于天以生者也，善与恶必兼有之，犹阴之与阳也。是故虽圣人不能无恶，虽愚人不能无善，其所受多少之间则殊矣。善至多而恶至少，则为圣人；恶至多而善至少，则为愚人；善恶相半，则为中人。圣人之恶不能胜其善，愚人之善不能胜其恶，不胜则从而亡矣。故曰："惟上智与下愚不移。"虽然，不学则善日消而恶日滋，学焉则恶日消而善日滋，故曰："惟圣罔念作狂，惟狂克念作圣。"必曰圣人无恶，则安用学矣？必曰愚人无善，则安用教矣？譬之于田，稻、粱、藜、莠，相与并生，善治田者，薅其藜、莠，而养其稻、粱；不善治田者，反之。善治性者，长其善而去其恶；不善治性者，反之。孟子以为仁、义、礼、智皆出乎性者也，是岂可谓之不然乎？然殊不知暴慢、贪惑亦出乎性也。是信稻、粱之生于田，而不信藜、莠之亦生于田也。荀子以为争夺残贼之心，人之所生而有也，不以师法、礼义正之，则悖乱而不治，是岂可谓之不然乎？然殊不知慈爱、羞恶之心亦生而有也，是信藜、莠之生于田，而不信稻、粱之亦生于田也。故杨子以为人之性善恶混。混者，善恶杂处于心之谓也，顾人所择而修之何如耳。修其善则为善人，修其恶则为恶人，斯理也，岂不晓然明白矣哉！如孟子

之言，所谓长善者也；如荀子之言，所谓去恶者也。杨子则兼之矣。[①]

司马光指出扬雄综合了孟子性善论和荀子性恶论，其意义在于纠正二者各自的偏颇。后世学者肯定、称赞扬雄人性论思想，也多是从这一意义上立论[②]。这样的理解是否符合扬雄的本意？这个问题还需进一步推敲。

我们来看《法言·序》中的一段话："天降生民，倥侗颛蒙，恣乎情性，聪明不开，训诸理。"倥侗颛蒙是蒙昧无知的意思；恣，放纵；训，训导，引导。这段话的意思是说：上天降生百姓，他们最初是愚昧无知的，如果放纵他们的性情，他们的心智就不会得到开化，所以要对他们加以引导。这意味着善恶只能在后天的社会性中形成，人在有生之初处于一种混沌状态。我们再来重新审视一下"善恶混"中"混"的含义。此处的"混"字，可做两种解释：一是异物相杂，也就是李轨、司马光和汪荣宝等人所理解的意思；此外"混"还有混淆无别的含义，如《荀子·非十二子》中的"使天下混然不知是非治乱之所存者有人矣"，杨倞注曰："混然，无分别之貌"，又《老子·十四章》："视之不见名曰夷，听之不闻名曰希，博之不得名曰微，此三者不可致诘，故混而为一"，不管是"无分别"还是"混而为一"，都是指一种未分化，不易辨别性质的状态。如果按照"混"的这个含义来理解，"人之性也善恶混"应该是说人性中只有还处于潜存状

① 转引自汪荣宝《法言义疏》，中华书局，1987年版，第85页。

② 如蔡元培认为："雄之言性，盖折衷孟子性善、荀子性恶之二说而为之，而其性论亦较孟、荀为圆足焉。"参见蔡元培《中国伦理学史》，东方出版社，1996年版，第65页。

态、处于混沌之中的善和恶，善和恶的分化是在人的后天修为中形成的①。换言之，人性本无所谓善恶，善恶之别是后天产生的。这样看来，扬雄的人性论就不再是对孟荀的简单综合，而是在孟荀善恶分疏的基础上，有了向孔子“性相近，习相远”回归的意味。笔者以为，这种思想上的回归，可视为扬雄“拟经”追比孔子的心迹显现。

再看如何理解扬雄人性论中的“气”。扬雄说“气”是引导人走向善或者恶的一匹马，决定人后天的善恶趋向。但这个“气”究竟指什么，扬雄没有界定和说明，显得有些突兀，不免令人费解。蔡元培就曾感叹：“扬雄之学说，以性论为最善，而于性中潜力所由以发动之气，未尝说明其性质，是其性论之缺点也。”② 当代学者对这个“气”的理解也不尽相同。徐复观先生认为：气是指“人由生理各部分所发生的综合力量而言”。按照徐氏的理解，扬雄所说人性中的善与恶，都处于潜存状态，由潜存状态转为动机，由动机再加以实现，需要人生命所发出的力量③。黄开国先生认为：这里所说的“气”，不是精气、元气一类的物质性的东西，而是一种功能性的东西，类似现在讲的“志气”，即人的主观精神意向④。徐黄二人的理解，显然是考虑到了“气”和“修其善则为善人，修其恶则为恶人”之间的逻辑联系，自有其可取之处。但遗憾的是，他们的立论都缺乏相应的材

---

① 李英华在《孔子研究》1997 年第 2 期上发表《第二部〈论语〉——〈法言〉述评》一文，文中提出扬雄的人性论思想受到了道家思想的影响。本书受该文启发，但思考的结论不同于李君。

② 蔡元培：《中国伦理学史》，东方出版社，1996 年版，第 66 页。

③ 参见徐复观《两汉思想史》第二卷，华东师范大学出版社，2001 年版，第 315 页。

④ 参见黄开国《扬雄思想初探》，巴蜀书社，1989 年版，第 151 页。

料支持。郑万耕先生从扬雄著作中寻找线索，他认为：扬雄所谓适善恶之马的“气”，和《太玄》中的宇宙演化思想有关。人也是元气自身演化的产物，内涵阴阳之气，所以这个“气”是“指人性的物质承担者或物质基础”①。郑先生的这一理解建立在两汉时期人们对人性的普遍认识基础之上。考察两汉时期的人性论思想，我们可以发现，用“气”来说明人的性情是一个普遍现象。董仲舒在《春秋繁露·深察名号》中说：“身之有性情，若天之有阴阳也。言人之质而无其情，犹言天之阳而无其阴也。”又说：“人诚有贪有仁。仁贪之气，两在于身。身之名取诸天。天两，有阴阳之施；身亦两，有仁贪之性，于天道一也。”《白虎通·情性》说：“性情者何？性者，阳之施；情者，阴之化也。人禀阴、阳气而生，故内怀五性、六情。情者，静也。性者，生也。此人所秉六气以生者也。故《钩命诀》曰：‘情生于阴，欲以时念也。性生于阳，以就理也。阳气者仁，阴气者贪，故情有利欲，性有仁也。’”《汉书·礼乐志》中也有“人函天地阴阳之气，有喜怒哀乐之情”的说法。汉代人的这些认识，明显带有经验主义的色彩，其用意在于说明性和情的来源，并以气有阴阳之分来解释善和恶的对立。扬雄在阐述人性与善恶的关系时谈到“气”，不可避免地会受到上述汉人一般认识的影响。

需要进一步补充的是，扬雄所谓“适善恶之马”的“气”，也受到了孟子思想的影响，突出了主体的自觉在道德修养中的作用。《孟子·公孙丑上》云：“夫志，气之帅也；气，体之充也。夫志至焉，气次焉。故曰：‘持其志，无暴其气。’”赵岐解释

① 参见郑万耕《扬雄及其太玄》，台北：蓝灯文化事业股份有限公司，1992年版，第174页。

"志"和"气"说:"志,心所念虑也。气,所以充满形体为喜怒也。"他把"志"和"气"看做是内在思想活动和外在情感表现的关系。赵岐的这种认识,代表了汉代人对孟子这段话的理解:内在的"志"要由"气"所构成的身体的喜怒之情表现出来,要认识"志"就要通过"气";人表现于外的情感处于内在的意志的支配之下,这就是所谓"言志所向,气随之"①。因为"志"的指向决定"气"的发展趋向,所以主体的意向性在人的道德修养过程中就起着决定性的作用。扬雄在《法言》中多次强调了立志在道德修养中的作用,如《修身》篇:"有意哉!孟子曰:'夫有意而不至者有矣,未有无意而至者也。'"强调立志是达到目的之必要条件。《学行》篇说:"学者,所以求为君子也。求而不得者有矣,夫未有不求而得之者也。"同样是说明立志是成为有德君子的前提。《修身》篇还说:"公仪子、董仲舒之才之邵也,使见善不明,用心不刚,俦克尔?"公仪子是指战国时鲁穆公宰相公仪休。邵,高大、美好。公仪休和董仲舒在当时是为世人所推崇的著名人物,扬雄认为即使是这样的人也不是天生的,同样需要明确向善的志向,并以坚定的态度从事于道德修养,否则也不会成为才德出众的人。这就是扬雄讲"修其善则为善人,修其恶则为恶人"的根据所在。这也可以视为孔子"我欲仁,斯仁至矣"的另一种说法。

从扬雄注重修养过程中主体的自觉性和意向性来看,他的修养论中含有了我们前面所说的"养"的意味。但是,扬雄人性论思想中却缺乏后天必然能够成为善的本源性因素。他虽然同意孟子人与禽兽之分在道德礼义的说法,认为"鸟兽触其情者也,众

① 《孟子·公孙丑上》赵岐注。

人则异乎”（《法言·学行》），但扬雄并不认为这种异于禽兽的人性就是道德本源，从而认为存养人的本性就会成就道德。他之所以强调人与禽兽的区别，目的在于为礼义的存在寻找根据，所谓“礼义之作，有以矣夫”（《法言·学行》）。他在道德修养问题上的认识不同于孟子，而在一定程度上更接近荀子，重外在的“修”。《法言》中曾有过这样的感叹：“吾未见斧藻其德若斧藻其楶者也。”（《法言·学行》）[①] 楶，是指古代房屋结构中的斗拱，斧藻是雕饰、修饰的意思。扬雄把道德修养和房屋的修饰相类比，反映出他对道德修养的理解更关注外在表现的层面。他还说：“天之肇降生民，使其目见耳闻”（《法言·学行》）；又“视、听、言、貌、思，性所有也”（《法言·学行》）。言是口的能力，貌是指人的面部表情，思是人认识思维器官的能力，这些都是与生俱来的，属于“性”的范畴，而“修性”的目的就是使这些器官的功能体现归于“正”，避免其陷入“邪”的泥潭。在具体修养方法上，扬雄还有“取四重，去四轻”的说法：

> 或问：“何如斯谓之人？”曰：“取四重，去四轻，则可谓之人。”曰：“何谓四重？”曰：“重言，重行，重貌，重好。言重则有法，行重则有德，貌重则有威，好重则有观。”“敢问四轻。”曰：“言轻则招忧，行轻则招辜，貌轻则招辱，好轻则招淫。”（《法言·修身》）

所谓“四重”和“四轻”，指人的言语、行为、仪表和嗜好，这

① 各本皆作“吾未见好斧藻其德若斧藻其楶者也”，汪荣宝认为“好”为衍文，本文从汪说。

四个方面都和道德表现的外在方面相关。一个人在这些方面的表现不仅与个人吉凶荣辱有关，同时关乎他能否在道德意义上成为完整的人。再看《君子》篇中的一段材料：

> 或问："君子言则成文，动则成德，何以也？"曰："以其弸中而彪外也。般之挥斤，羿之激矢，君子不言，言必有中也；不行，行必有称也。"（《法言·君子》）

"言必有中"和"行必有称"是说君子的言行符合一定的规范，看重的还是道德的外在方面。《法言》中的这些表述和扬雄在《太玄》中的有关提法是一致的。《太玄·玄掜》说："维天肇生民，使其貌动、口言、目视、耳听、心思，有法则成，无法则不成。"眼、耳、口、心等身体器官的应用，需要遵循一定的法则，符合法则的应用行得通，不符合法则的应用就行不通。基于这些认识，扬雄在道德修养方法上突出了"强学力行"的外在功夫（详见下节）。

综上所述，扬雄虽然强调了立志这一道德修养的内在因素，但他关注的重点是修养的外在方面，即人的言论行为是否符合道德规范。

三　扬雄人性论思想的特质

唐君毅先生曾经对先秦和秦汉时期的人性论进行过比较，他有如下论断："秦汉之时，学者言性之思路与先秦学者不同，在其渐趋向于为成就客观政教之目的而言性，而不同于先秦学者之多为成就人之德性生活、文化生活、精神生活而言性。”[①] 唐先生的这一概括，指出了秦汉儒学人性论的特征之一，是服务于政治教化的需要。这一点在董仲舒的人性论思想中表现尤为明显。扬雄人性论的道德修养观强调人的言行必须符合道德规范，这似乎和汉代其他儒学思想家没有什么区别。但是，如果和董仲舒的学说加以相比，就会发现扬雄人性论思想的特质所在。

董仲舒人性论的出发点是以阴阳之气论性情，认为性仁情贪，但他并没有进一步推出性善或者性恶的结论。他有一个形象的比喻：“善如米，性如禾。禾虽出米，而禾未可谓米也。性虽出善，而性未可谓善也。”（《春秋繁露·实性》）周桂钿先生把董仲舒的人性论概括为“性未善论”[②] 是非常贴切的。所谓“未善之性”，指的是董仲舒性分三品中的“中民之性”。董仲舒说得很清楚：“圣人之性，不可以名性，斗筲之性，又不可以名性。名性者，中民之性。中民之性如茧如卵。卵待覆二十日而后能为雏；茧待缫以涫汤而后能为丝；性待渐于教训而后能为善。”（《春秋繁露·实性》）董氏人性论重点关注的对象也在“中民之性”，因为圣人之性和斗筲之性是不可变的，可变的是“中民之性”，所谓“今万民之性，其有质而未能觉，譬如瞑者，待觉教之然后善”（《春秋繁露·深察名号》）。为此，他认为“民之号，取之瞑也”。“瞑”就是古代的“眠”字，以“瞑”训“民”，意在说明民处于类似睡眠的待教化状态，“民之号取之瞑也。使性而已善，则何故以瞑为号？以瞑言者，弗扶将，则颠陷猖狂，安

---

① 《中国哲学原论·原性》，《唐君毅全集》第十三卷，台北：台湾学生书局，1989 年版，第 107 页。

② 参见周桂钿《秦汉思想史》，河北人民出版社，2000 年版，第 178 页。

能善?”(《春秋繁露·深察名号》)而承担起教化民众任务的，就是封建体制下的君王，《春秋繁露·深察名号》中的一段话把这一玄机暴露无遗：

> 天生民性，有善质而未能善，于是为之立王以善之，此天意也。民受未能善之性于天，而退受成性之教于王。王承天意，以成民之性为任者也。今案其真质，而为民性已善者，是失天意而去王任也。万民之性苟已善，则王者受命尚何任也?

由此可见，董仲舒的人性论是服务于他“屈民伸君”的理论宗旨的。董氏所关注的是政治教化的必要性；而扬雄人性论所关注的，是作为社会个体的个人何以可能成为一个道德完满的君子，如何通过道德修养成就君子人格，进而向圣人的目标挺进。在扬雄的思想里，没有圣人、中人和斗筲之人的区别，所有的人都在“善恶相混”的同一人性起点上。董仲舒反复强调的词是“教化”；扬雄多次申述的是“治己”(《法言·修身》)“铸人”(《法言·学行》)。这样看来，扬雄的人性论思想，有着更多的对人自身的尊重，以及人人平等的思想意蕴。这在思想家们着力为封建统治秩序进行理论论证，极力挖掘等级制存在合理性根据的汉代，显得尤其可贵。

综上所述，扬雄的人性论思想和修养观不是对孟荀思想的简单调和，而是在孟荀的基础上，比孟、荀更进一步认识到人性的复杂，克服了孟荀理论某些的片面性，从而在更高的层次上向孔子的思想回归。和秦汉时期人性论思想主流相异，扬雄承认人后天转化的可能，使圣人成为可以企及的目标，这就把为善成圣的希望给予了更多的人。这在思想史上无疑具有进步意义。

第二节　“强学力行”和崇尚“令名”的成德论

做一位圣人是扬雄追求的人生目标，成就道德是成为圣人的基础和前提，故而能否实现成圣的目标，取决于个人的道德修为。扬雄在《法言》中主要继承和发展了荀子的思想，强调学习与践履对于成就道德人格的重要意义。他提倡道德意识与道德实践的有机结合，号召士人为最终成为圣人——达到人生的最高境界而不懈努力。同时，针对汉代儒学现状，扬雄重申了先秦儒学精神，突出了道德美名对于修德者的意义和价值。

一　“强学力行”的修养方法

扬雄认为，人在初生之时顽愚无知，如果听任人的天性自然发展，就会使人的生理和智能得不到应有的开发。生理和智能的开发同时也是一个社会化的过程，因而就存在着一个对人的社会化进行道德评价的问题。在扬雄看来，先天平等的人在后天社会化的过程中会产生分化，而这种后天的分化完全取决于个人的修为，“修其善则为善人，修其恶则为恶人”（《法言·修身》），可能成为善人，也可能成为恶人。扬雄所谓的善恶是以是否符合圣人确立的道德规范为标准，从这个意义上讲，通过个人修为成为善人，就是成就一个有德君子，而这种修为的最高目标是成为圣人。

如何避恶向善？如何成就道德？如何做一个君子进而成为圣

人？扬雄的答案是通过“学”和“行”，并且还要把二者结合起来——“强学力行”。他指出：

> 圣人之辞，可为也；使人信之，所不可为也。是以君子强学而力行。（《法言·修身》）

圣人说过的言辞，人人都可以重复地说，但要把圣人的言辞变为内心的信条，就不是人人都能做到了。所以，立志向善的君子要发奋学习并且努力践行圣人的学说。

首先是学。和儒学先辈们一样，扬雄非常重视学在成就个人道德中的作用。《法言》把《学行》排在全书之首，和《论语》以“学而时习之”为首章，《荀子》以《劝学》为首篇用意是相同的，意在突出学的首要地位。扬雄认为，学之所以重要，首先是因为学能够完成人的本性，所谓“人而不学，虽无忧，如禽何?”（《法言·学行》）人如果不学，不可能自动成就人之为人的特质，也就不能区别于禽兽。其次，学能够塑造人的本性，因为“学者，所以修性也。……学则正，否则邪”（《法言·学行》）。人的本性能否向正确的方向发展，取决于学与不学。

为了说明学能够塑造人本性的道理，扬雄在《法言》中用了很多形象生动的比喻，《学行》篇记录了这样一段问答：

> 或曰：“学无益也，如质何?”曰：“未之思矣。夫有刀者砻诸，有玉者错诸，不砻不错，焉攸用？砻而错诸，质在其中矣。否则辍。”

这里的“质”，指人的本性。提问者显然是受到了董仲舒“性三品”说的影响，认为圣人和斗筲之人是不可改变的，作为中民之性的普通人，也只能被动地接受圣人的教化，故认为个人的学无益于质。扬雄对此持坚决否定的态度，他以“砻刀”和“错玉”来比喻，意在说明人性可以通过后天的学习和自我锻炼而“迁善”。砻，是磨砺的意思；错，通“厝”，指磨石成玉。刀要磨砺才能锋利；璞玉要经过雕磨、修治才能成为精美的玉器。学对于人性品德的意义，就像“砻”“错”对于刀和玉一样。人只有经过学习和修炼才能成为君子，离开学就无所谓道德的成就。学对于人品德的塑造的作用是如此巨大，完全可以把普通的人塑造成圣贤。《学行》篇中还有这样一段话：

> 螟蠕之子殪而逢，蜾蠃祝之曰：“类我，类我。”久则肖之矣。速哉！七十子之肖仲尼也。

螟蠕，又作螟蛉；蜾蠃，细腰蜂。扬雄在这里取典于《诗经·小雅·小宛》：“螟蛉有子，蜾蠃负之，教诲尔子，式谷似之。”蜾蠃猎取螟蛉的幼虫置于自己的巢内，以备自己的幼虫孵化出来后食用。古人不明真相，以为蜾蠃是由螟蛉变化而来。扬雄使用这一典故意在说明后天修为的作用非常巨大，受教孔门的七十弟子也可以成为像孔子一样的人。他还形象地把学对人本性的塑造比喻为“铸人”：

> 或问：“世言铸金，金可铸与？”曰：“吾闻觌君子者，问铸人，不问铸金。”或曰：“人可铸与？”曰：“孔子铸颜渊矣。”或人踧尔曰：“旨哉！问铸金，得铸人。”（《法言·学行》）

“铸金”指汉代流行的方士销石化金之术。扬雄对此不屑一顾，他教育那些关心“铸金”之术的人，要他们把对黄金的向往，转化为塑造自己本性的动力，立志成为孔颜那样的圣贤。

在扬雄看来，人本性的完成和塑造都要仰仗于学，所以不要放弃任何学习的机会。《吾子》篇中记载：“或欲学《苍颉》《史篇》。曰：‘史乎！史乎！愈于妄阙也。’”《苍颉》是汉代小篆字书，《史篇》指《史籀篇》，是古代的大篆字书。有人怀疑学习这些知识的意义，扬雄认为这样的书毕竟属于信而有证的知识，学习这些东西也能增长人的见识，胜于不学，只要是学，总会有所收益。

既然学对于人成就道德的作用如此巨大，学的内容就是一个非常重要和关键的问题了。扬雄说：“习乎习！以习非之胜是也，况习是之胜非乎？于戏！学者审其是而已矣。”（《法言·学行》）学的内容正确与否和修习的结果密切相关。学的内容正确，有助于人善性的形成，反之则不益于人善性的发展，所以有志于学者要明辨是非。明辨是非的前提是明确学习目的，“学者，所以求为君子也”（《法言·学行》）。为成为一个道德完美的君子而学，判断是非的标准就会非常明确。《学行》篇中有这样一段问答：“或曰：‘焉知是而习之？’曰：‘视日月而知众星之蔑也，仰圣人而知众说之小也。’”《五百》篇中也说：“圣人之言远如天，贤人之言近如地。”圣人的学说像日月，诸子异端的学说像众星，圣人的言论好比是天，贤人的言论只能算是地，二者相比，高低是非分明。所以，要学习圣人的学说，不要学习那些所谓“贤人”的诸子异端学说。扬雄还强调，要成为一个有德的君子，就要尽心于圣人之道，不要误入迷途：

好尽其心于圣人之道者，君子也。人亦有好尽其心矣，未必圣人之道也。多闻见而识乎至道者，至识也；多闻见而识乎邪道者，迷识也。（《法言·寡见》）

倾心尽力于学固然是好事，但如果选择了错误的努力方向反而不利于成就个人的德性。对圣人之道的广泛深入了解是正确的，有助于一个人成为君子；对异端学说了解得越多就越偏离正道。

明确了学的内容之后，扬雄进一步指出要端正学的动机。他说：

大人之学也，为道；小人之学也，为利。子为道乎？为利乎？或曰："耕不获，猎不飨，耕猎乎？"曰："耕道而得道，猎德而得德，是获飨已，吾不睹参、辰之相比也。"（《法言·学行》）

学习圣人的学说是为道而学，不是追求物质上的利益。和孟子强调鱼与熊掌不可兼得，义利不可兼顾一样，扬雄也认为明道和获利不可能双收。追求道德上有所成就的学，所获得的是一种精神上的享受，不是物质上的满足。《学行》篇里记录了这样一段精彩的问答：

或曰："使我纡朱怀金，其乐可量也。"曰："纡朱怀金者之乐，不如颜氏子之乐。颜氏子之乐也，内；纡朱怀金者之乐也，外。"或曰："请问屡空之内。"曰："颜不孔，虽得天下不足以为乐。""然亦有苦乎？"曰："颜苦孔之卓之至也。"或人瞿然曰："兹苦也，只其所以为乐也与！"（《法言·学行》）

纡，缠绕；朱，指红色绶带；金，指金印。纡朱怀金，指显赫的地位。提问者开始以为只有拥有显赫的地位才能获得快乐。内，是内在的快乐和精神享受；空，指物质上的匮乏。《论语·先进》载："回也其庶乎，屡空；赐不受命，而货殖焉，亿则屡中。"回指颜回，赐指端木赐，即子贡。二人相比，贫富相差悬殊。孔子认为，颜回虽每每陷于贫困之中，但在道德上却值得称道；子贡货殖有术，却不守本分①。扬雄认为，为道而学的人就要像颜回那样，不以物质上的匮乏为苦，而以不能达到圣人的境界为苦，内在的快乐和精神上的享受就在对圣人之道的苦苦追求之中。

扬雄强调端正求学动机有很强的针对性。在汉代明经取仕政策的激励下，大量的文人士子纷纷加入到学习圣人经典的行列中来。《法言·寡见》篇说："吾寡见人之好假者也。迩文之视，迩言之听，假则偭焉。或曰：'曷若兹之甚也？先王之道满门。'曰：'不得已也，得已则已矣。得已而不已者，寡哉！'"在扬雄看来，这种"先王之道满门"的现象只是一种假象，大多数人学习圣人经典是不得已而为之，因为在当时只有通过这条道路才能走入仕途，抱着这种学习的动机，只能学习一些简单浅近的文句，不可能学到圣人之学的真谛。有人引用司马迁说过的一段话，认为"五经"不如《老子》一书简明，终其一生也不能穷尽其中的道理。言外之意，他希望找到一种简单易行的学习儒家经典的方法，以便在谋求功名利禄的过程中走捷径。扬雄告诉他，

① 对《论语》中这段文字中的"赐不受命"，历来有不同的理解，王弼、江熙认为命指爵命、禄命，不受命为不做官的意思；朱熹集注引皇侃疏，认为命当指天命；俞樾则认为古代经商皆受命于官，子贡不受命为未经官府而自牟暴利。本文取杨伯峻先生的注释，释为"不守本分"。详见杨伯峻译注《论语译注》，中华书局，1980年版，第115—116页。

“五经”实际上并不难掌握，过去学者们学习经典的同时还要养活自己，三年的时间就能通一经，现在儒家经典之所以让人觉得烦琐，是因为经师们对经传反复藻饰、注解造成的。有没有简单的学习经典的方法呢？扬雄的回答是肯定的：“可约解科。”（《法言·寡见》）解科，李轨注曰：“言自可令约省耳，但当使得其义旨，不失其科条。”认为可以把经师们对“五经”的注解加以简省，并且分清条理，这样就便于学习了。后世学者大都大都按李轨注来理解扬雄的这段话。徐复观不同意这样理解，他认为“解科”应该是针对“发策决科”而言。汉代专门有“策问”的试士制度，“决科”指根据应答的具体情况决定等级。儒生们的应答策问大都严格遵照所谓师法和家法，很少有个人的理解和发挥。徐复观认为，“解科”就是免除这种以经师们对经典的注解作为考试依据的做法，让儒生把精力集中到学习经典本身，领会经典本意上来。他指出，扬雄在此要表达的思想是“一面尊崇五经，一面要求把五经从固陋贪鄙的博士系统中解放出来”①。徐氏的这一解释可谓深得扬雄本意。

确定了学的方向，端正了动机，下一步就是如何学的问题了。扬雄认为，学习圣人之道首先要有不断进取的精神。《学行》篇有这样一段材料：

> 或问“进”。曰：“水。”或曰：“为其不舍昼夜与？”曰：“有是哉！满而后渐者，其水乎？”或问“鸿渐”。曰：“非其往不往，非其居不居，渐犹水乎！”“请问木渐。”曰：“止于

---

① 徐复观：《两汉思想史》第二卷，华东师范大学出版社，2001年版，第311页。

下而渐于上者，其木也哉！亦犹水而已矣。”

我们首先来看如何理解“进”字，汪荣宝认为：

或问“进”者，问仕进之道也。《易·渐》云：“进得位，往有功也。”《王制》云：“大乐正论造士之秀者，以告于王，而升诸司马，曰进士。”郑注云：“进士，可进受爵禄也。”本书《君子》云：“或曰：‘子于天下则谁与？’曰：‘与夫进者乎！’或曰：‘贪夫位也，慕夫禄也，何其与？’曰：‘此贪也，非进也。’”明或问所谓进，必谓仕进也。①

按照汪荣宝的解释，提问者关心的是仕进之道，扬雄和他讨论的是如何理解“学而优则仕”。笔者认为汪氏的理解恐怕有失扬雄本意。前面我们已经谈到，扬雄明确反对为追求功名利禄而学，鄙视“纡朱怀金”之乐，他恐怕不会如此细致地和人讨论如何在仕进之道上有所进取的。韩敬先生把这个“进”解释为进取②，这样理解就很顺畅，而且和扬雄的思想整体相符。孔子曾经有“逝者如斯夫，不舍昼夜”（《论语·子罕》）的感叹，激励人们要有不断进取的精神。《孟子·尽心上》也说：“流水之为物也，不盈科不行；君子之志于道也，不成章不达。”赵岐注云：“盈，满也；科，坎也。”扬雄“满而后渐”就是取孟子“不盈科不行”之意，形容在求学的过程中要不断进取，达到一个目标后，继续向新的、更高的目标前进。荀子“学不可以已”（《荀子·劝学》）

---

① 汪荣宝：《法言义疏》，中华书局，1987年版，第24页。
② 参见韩敬《法言全译》，巴蜀书社，1999年版，第8页。

所强调的也是这种精神。渐，也是进取的意思。“鸿渐”，语出《易·渐》爻辞。鸿，大雁。“非其往不往，非其居不居”，是以大雁的迁徙比喻君子要有明确的奋斗目标。“木渐”，出自《易·渐》象辞“山上有木，渐，君子以居德善俗”。“止于下而渐于上者”，是以树木生长的规律来比喻有德的君子要立住根基。“鸿渐”和“木渐”的比喻是为了强调君子在学习上的进取必须要有明确的方向，也就是不要偏离圣人之道。扬雄这段话显然是针对当时的学风，要人们恢复先秦儒学的进取精神和实践作风。

强调学对于成就道德意义的同时，扬雄更强调要把所学的知识和道理落实到行动上，这是自孔子以来儒家的传统。《论语》的第一章就说：“学而时习之，不亦说（悦）乎?”习，指的就是把所学落实于实践。扬雄在《法言》开篇也说：“学，行之，上也；言之，次也；教人，又其次也；咸无焉，为众人。”（《法言·学行》）在这里，他划分出了学的四重境界：最高境界就是能够践行所学的圣人之道；仅仅靠著书立说对圣人学说加以阐释是次一级的境界；靠传授经典、教授弟子来治学又是次一级的境界；连这三点都做不到，那就是不值得一提的凡夫俗子了。扬雄这种注重学行统一的思想，从思想渊源上来自孔子和荀子。孔子曾说：“君子欲讷于言，而敏于行。”（《论语·里仁》）荀子也讲过：“学至于行之而至矣。行之，明也；明之，为圣人。”（《荀子·儒效》）“学”是否达到真正“明”的最高境界，要看能否把所学落实到行动、付诸实践，能够达到这个境界的人就可以称之为圣人。在扬雄看来，圣人之道并非抽象的道德概念，它体现于待人接物的言行举止之中，儒家的仁义道德只有通过具体的“行”才能得以发扬光大。

扬雄推崇“行”，是对孔子“文质彬彬，然后君子”（《论语·雍也》）观点的继承，主张内在的德性必须通过外在的文辞、言容表现出来。有人问：有道德的君子是否应该注重自己的言辞？扬雄回答说："君子事之为尚。事胜辞则伉，辞胜事则赋，事、辞称则经。足言足容，德之藻矣。"（《法言·吾子》）事，指人的行事；辞，指人的言辞；伉，形容言辞空洞无味；赋，是指言过其实造成的浮夸；经，典范之义。言辞过于质朴和言过其实都不足取，只有言辞与行事相符的"足言足容"才是值得效仿的典范，是君子德性成就的表现。有人问扬雄，怎样理解"俊哲"和"洪秀"的含义，扬雄回答说："知哲圣人之谓俊，秀颖德行之谓洪。"（《法言·孝至》）俊，通"峻"，大的意思，俊哲指大智慧；秀，是禾花开出的穗；颖，指禾穗上的芒；秀颖，显然是比喻内在智慧的外在表现。真正的大智慧是能够明了圣人之道，这种内在的"俊哲"自然要表现为外在的"洪秀"。扬雄在这里强调的仍然是德行的内外统一，这种统一也就是他所说的"德之藻"。扬雄还形象地把这种内外的统一称之为"弸中而彪外"（《法言·君子》）。弸，充满，《广雅·释诂》云："弸，满也。"彪，外在的文采。有内在德行君子的一言一行，就像公输般用斧头、后羿射箭一样，都恰到好处地符合道德规范。

和其他古代思想家一样，扬雄所说的行，指的是道德践履。从成就道德的意义上讲，行就是按照道德规范的要求去做。扬雄认为，不管看起来多么高深的理论，多么远大的志向，如果不能落实到行动上，等于是空话。他说："好大而不为，大不大矣；好高而不为，高不高矣。"（《法言·修身》）在知行统一方面，扬雄认为孟子是值得称道的：

或问："孟子知言之要，知德之奥。"曰："非苟知之，

亦允蹈之。”（《法言·君子》）

言，指孔子之言；要，主旨；德，指孔子之德；奥，指精奥之处；允，确信；蹈，践履。孟子之所以伟大，是因为他不仅能够深刻地领会孔子之言、之德的意蕴所在，而且能够深信躬行孔子的教诲。

知与行的统一说起来简单，要真正做到是非常难的。《中庸》引述孔子的话说：“君子之道四，丘未能一焉：所求乎子，以事父，未能也；所求乎臣，以事君，未能也；所求乎弟，以事兄，未能也；所求乎朋友，先施之，未能也。庸德之行，庸言之谨；有所不足，不敢不勉；有余，不感尽。言顾行，行顾言。君子胡不慥慥尔。”连孔子都感叹自己不能履行君子之道，时刻提醒自己，勉励自己，更何况普通的士人。正因为道德实践需要人们为之付出努力，所以扬雄又提出了“力行”的主张。他说：

天下通道五，所以行之一，曰勉。（《法言·孝至》）

李轨注“五”为“仁、义、礼、智、信也”。汪荣宝认为，“五通道”就是《中庸》所谓的“天下之达道五，曰君臣也，父子也，夫妇也，昆弟也，朋友之交也。”通道即《中庸》所谓之达道。虽然李汪二人对“天下通道五”的具体解释不同，但都是指儒家的道德规范，这是显而易见的。勉，即励，《说文》谓：“励，勉力也”，努力去做的意思。扬雄在这里明确指出道德规范只有通过实践才能通行天下，光大儒家道德需要人们努力地去做。不付诸行动，是不会在道德上有所进取的。他举例说：“百川学海，而至于海；丘陵学山，不至于山，是故恶夫画也。”（《法言·学行》）画，画地为界，终止的意思。河流之所以能汇入大海，是因为它们始终奔流不息；丘陵之所以不能成为高山，是因为它静止不动。要成为有德的君子，成为圣人，就要像河流奔向大海一样，积极投身于道德实践之中，不要像小山丘陵一样故步自封，止步不前。扬雄还说："日有光，月有明。三年不目日，视必盲；三年不目月，精必矇。荧魂旷枯，糟莩旷沈，擿埴索涂，冥行而已矣。"（《法言·修身》）精，指眼睛的光亮；矇，昏暗不明。荧魂旷枯，糟莩旷沈，指眼睛失去神采。擿，通"掷"，点击的意思；埴，黏土，此处指地面；涂，通"途"。擿埴索涂，指盲人靠手杖点击路面行走。这段话的意思是说：日月的光明永在，人的眼睛具有视觉的功能，有自然的神采，但是人如果长时间不见光亮必然会失去神采，丧失功能，最后只能沦为拐杖点地行走的盲人。人如果离开了道德实践，就没有成就道德的可能。扬雄还进一步说：

> 为之而行，动之而光者，其德乎！或曰："知德者鲜，何其光？"曰："我知，为之；不我知，亦为之，厥光大矣。必我知而为之，光亦小矣。"（《法言·问神》）

凡事只要一做就能成为众人的表率，这固然是有道德的表现。但毕竟真正理解道德的人很少，在这种情况下，就要求有德之人不要考虑是否得到人们的认可。别人赏识我，我要去做；别人不赏识我，我也要按照礼仪规范去做。做到了这一点，才真称得上是众人的表率，才是真正的光荣。扬雄在这里进一步说明了"力行"不仅要求主观上的努力，还要克服客观上的阻力，坚定为成德而行的信念。这是对孔子"人不知而不愠，不亦君子乎"（《论语·学而》）的继承和发扬。

二 崇尚“令名”的“以德益寿”观

突出学与行在成就道德中重要作用的同时，扬雄还提出了一个好学的标准，这个标准同时也可以说是他所倡导的成德方法，那就是：

> 学以治之，思以精之，朋友以磨之，名誉以崇之，不倦以终之，可谓好学也已矣。(《法言·学行》)

首先来看这个标准的第一点“学以治之”。治，就是指前面提到的学对于人性的“砻”和“错”的作用，“学以治之”是讲通过学来修身治性。好学的第二条标准是“思以精之”的“精”，就是《寡见》篇所言“精而精之，是在其中”的“精”，《说文》谓：“精，择也。”思以精之，是说通过深思来明辨是非，是对孔子“学而不思则罔，思而不学则殆”（《论语·为政》）思想的继承和发展。第三点“朋友以磨之”，说的是如果没有朋友之间的交流切磋，就会孤陋寡闻，不利于道德的精进。扬雄非常重视交友之道在道德修养中的意义，他说过：“珍其货而后市，修其身而后交。”（《法言·修身》）交友就像在市场上进行交易一样，交易之前要把自己的货物准备好，交友之前也要先提高自身的道德修养。有助于友人在道德上共同进步的交往，是彼此间心灵的交流，而不是只做表面上的朋友。“朋而不心，面朋也；友而不心，面友也”（《法言·学行》）说的就是这个意思。《法言·重黎》篇也讲：“或问交。

曰：'仁。'"朋友之间交往要遵循仁的精神。扬雄还说："上交不谄，下交不骄，则可以有为矣。或曰：'君子自守，奚其交?'曰：'天地交，万物生；人道交，功勋成，奚其守?'"（《法言·修身》）与地位比自己高的人交往不应谄媚，和地位比自己低的人交往不要傲慢，这是君子在与人交往中应持的态度。扬雄认为成功的交友有助人德业的成就，有人对此表示怀疑，认为君子应当自守以成德，扬雄就引用《易传》上的话来论证交友的重要性。《周易·泰卦·彖辞》中说"天地交而万物通"，扬雄发挥这一思想，指出就像天地相交万物才能生成一样，人与人之间以道相交才能成就事业和功勋。他把人与人之间的交往上升到天地交的高度，反对交友无益于成德的观点。扬雄把交友问题看得如此重要，在汉代的思想家中是比较突出的。好学的第四点是"名誉以崇之"，要把学视为事关自身名誉的大事来加以重视。把学以成德和个人名誉紧密联系在一起，也是扬雄思想之中很独到的一面。最后一点"不倦以终之"，学习圣人之道，成就道德美行是一件永无止境的事业，这就要求学者坚持不懈，终生不倦地尽心于学，这是扬雄对"力行"观的进一步强化。

扬雄所提出的这一好学标准，是他"强学力行"思想的进一步展开和深化，其中对个人名誉的重视值得我们注意。在《法言》中有很多内容涉及名誉问题，如："人必先作，然后人名之"（《法言·君子》）；"不为名之名，其至矣乎！为名之名，其次也"（《法言·孝至》）。扬雄所说的名，是指道德上的美名，《重黎》篇讲："名者，谓令名也。"令，美；令名，是指美名。违逆道德而获得的名声不能称做美名。扬雄认为，名誉不仅能够激励人在成就道德的历程中不断精进，而且美好的名声还可以使人获得不朽。

如何超越生命的有限性，使有限的生命获得延续和不朽，这是历代哲人反复探讨的话题。众所周知，人与其他生物的区别在于人有社会性。人不可能在自然的意义上获得永生，只能在社会历史的意义上追求不朽。早在先秦时期，思想家们就开始了对这一问题的思考。《左传》襄公二十四年记载了穆叔和范宣子一场关于不朽的辩论：

> 穆叔如晋。范宣子逆之，问焉，曰："古人有言也，'死而不朽'，何谓也？"穆叔未对。宣子曰："昔匄之祖，自虞以上，为陶唐氏，在夏为御龙氏，在商为豕韦氏，在周为唐、杜氏，晋主夏盟为范氏，其是之谓乎"？穆叔曰："以豹所闻，此之谓世禄，非不朽也。鲁有先大夫曰臧文仲，既殁，其言立。其是之谓乎？豹闻之，大（太）上有立德，其次有立功，其次有立言，虽久不废，此之谓不朽。若夫保姓受氏，以守宗祊，世不绝祀，无国无之。禄之大者，不可谓不朽。"

在范宣子的心目中，不朽就是不做忝辱祖宗的事情，保持世袭的禄位，延续祖宗的禋祀。他在宗法延续的意义上来谈不朽，还未完全脱离自然范畴来认识永生。穆叔否定了这种观念，把立德、立功、立言看做是不朽，主张人们应该超出宗族的界限，为社会做出贡献，以自己的道德行为获得不朽，这就完全在社会历史的范畴内认识永生和不朽。相对于范宣子宗法血缘的不朽观，穆叔的不朽观是一种新的道德观念。"这种新的道德观念表明当时以祖宗为典范的传统的价值标准动摇了，而把为社会做出贡献当作人们所应该追求的崇高的道德目的。”[①] 以立德求不朽的观念在中华文化，特别是儒家文化发展的历史上产生了深远的影响，成为无数仁人志士在积极投身经世之道的同时严持操守、修身立德的精神支柱，是熔铸中华民族文化心理的重要思想元素之一。

不同的历史语境下，思想家们始终关心着自然领域的生死和社会历史中的不朽。在仙道迷信思想盛行的汉代，扬雄也从一个特定的角度说明了不可能在自然范畴内寻求不朽的道理，《君子》篇说：

> 或问："人言仙者，有诸乎?""吁！吾闻虙羲、神农殁，黄帝、尧、舜殂落而死。文王，毕；孔子，鲁城之北。独子爱其死乎？非人之所及也。仙亦无益子之汇矣!"或曰："圣人不师仙，厥术异也。圣人之于天下，耻一物之不知；仙人之于天下，耻一日之不生。"曰："生乎！生乎！名生而实死也。"或曰："世无仙，则焉得斯语?"曰："语乎者，非嚣嚣也与？惟嚣嚣能使无为有。"或问："仙之实。"曰："无以为也。有与无，非问也。问也者，忠孝之问也。忠臣孝子，偟乎不偟。"

提问者关心神仙问题，显然是向往通过成仙而达到长生不死。扬雄告诉提问者，希望长生、惧怕死亡虽然是人之常情，但人不可能在自然意义上获得长生不死，像虙（伏）羲、神农、黄帝、尧、舜、禹、文王和孔子这样的大圣人也难免一死。这些大圣人

① 任继愈主编：《中国哲学发展史》（先秦卷），人民出版社，1983 年版，第 159 页。

和神仙的区别在于追求不同，圣人之所以能够经常为后人所念及，是因为他们用自己的智慧为人类做出了伟大的贡献，所谓神仙的长生实际上和死没有什么区别。扬雄在否定神仙道术的同时，告诫提问者应该把自己的注意力转移到忠孝等社会伦理的思考和实践上去，做一个忠臣孝子，才有可能名垂青史。

在《法言·君子》篇中，扬雄进一步明确提出了“以德益寿”的命题：

> 或问：“寿可益乎?”曰：“德。”曰：“回、牛之行德矣，曷寿之不益也?”曰：“德，故尔。如回之残，牛之贼也，焉得尔?”曰：“残、贼或寿。”曰：“彼妄也，君子不妄。”

回，指颜回。牛，指子牛，即冉耕。颜回和冉耕是受到孔子赞誉的高足。扬雄认为他们虽不幸夭折，但德行的高尚增益了他们的寿命。扬雄在这里所说的“寿”，不是指人在生理意义上的长寿，而是指道德美誉的不朽。至于那些不知礼义甚至残害道德的人，他们即使能够活得长久，那也不过是“妄生”，君子是不过那种虚妄生活的。

强调以德立名，是儒家历来的传统，孔子就曾讲过：“君子去仁，恶乎成名。”(《论语·里仁》)抛弃了仁德，是谈不上成就声名的。扬雄对个人道德名誉问题的重视在儒学史上是比较突出的。在《法言》中，扬雄甚至把人因其道德行为而获得的名誉视为人区别于动物的一个特征。有人问扬雄：“龙、龟、鸿、鹄不亦寿乎?”扬雄回答他：“寿。”(《法言·君子》)寿，长寿的意思。按他的思想逻辑，人和动物都是元气化生而来，都是一个个具体的生命体，从这一点看，人和动物并没有区别，都要遵守不可违逆的自然法则，所谓“有生者必有死，有始者必有终，自然之道也”（《法言·君子》）。如果单从这一意义上讲，人甚至不如有些动物长寿。人虽然不可能求得自然的永生，但可以因拥有高尚的道德而获得声名的不朽：“曰：‘人可寿乎?’曰：‘物以其性，人以其仁。’”（《法言·君子》）扬雄把道德礼义作为人区别于动物的特质，这一思想与孟子遥相契合，但他与孟子又各有侧重。孟子是从类的角度，把先验的道德根源作为人异于禽兽之处，所谓“人之所以异于禽兽者几希”（《孟子·离娄下》），所以人要称其为人的关键在于存养善端；扬雄则更多从个体的角度着眼，认为人之所以不同于动物，是因为可以用自己的道德行为获得美好的名声。他强调的成人之路，不仅要通过学来培养道德观念，还要通过行来获得社会的认可，所谓“人必先作，然后人名之；先求，然后人与之”（《法言·君子》）。这也就是他所说“人而不学，虽无忧，如禽何”（《法言·学行》）的内涵所在。

基于对名誉的重视，扬雄十分重视道德评价问题。在他看来，道德评价是一个非常严肃的问题，所以他反对随便对人加以臧否。他说：“妄誉，仁之贼也；妄毁，义之贼也。贼仁近乡原，贼义近乡讪。”（《法言·渊骞》）妄誉和妄毁指虚妄不实的赞美和诋毁，这样做的人是戕害仁义的“乡原”和“乡讪”。“乡原”语出《论语·阳货》“乡原，德之贼也”。刘宝楠认为，原，通“愿”，乡原，即乡愿，是指那些一乡之人都称其为善的老好人，这种人为了取媚于人，对谁都说好话，换取大家对他的赞誉。讪，毁谤，所谓乡讪，是指那些不管到哪里都喜欢诋毁别人、挑拨是非的人。乡愿和乡讪表面上看起来是截然相反的两种人，但他们有一个共同之处，那就是对别人的是非评价不是以道德礼义为标准。扬雄鄙视这些人，认为这些人的做法是对仁义道德的破坏和践踏。

对道德评价问题的重视，还反映在扬雄的史学思想上。在《法言·重黎》篇中，他对《左传》和《史记》加以比较，认为司马迁的《史记》对史实做了真实记录，而《左传》则对历史事件和人物做了正确的品评鉴别①。作为史学著作，扬雄更推崇《左传》的“品藻”之功。在他看来，史书的效应应该体现在寓价值观念于褒贬之中，而司马迁所著《史记》虽不失为“实录”，但与圣人的价值标准有相违逆的情况，没有发挥应有的道德教化功能②。正是出于这一认识，扬雄才在《法言》中用了大量的篇幅对历史人物加以品评，其意图在于纠正《史记》的偏失，效法孔子，以褒贬为万世立人极。

《法言》对“令名”的崇尚在一定意义上影响了汉代的社会风气。清人赵翼《廿二史札记》中有《东汉尚名节》一条，其中称汉人“徇人刻己，然诺不欺，以立名节。驯至东汉，其风益盛”。赵翼分析了这一风气形成的原因，认为“盖当时荐举征辟，必采名誉，故凡可以得名者，必全力赴之，好为苟难，遂成风俗”。他的分析固然不无道理，但不见得全面。我们可以联想一下，班固在《汉书·扬雄传》中曾说，《法言》在成书四十余年后“大行于世”，在社会上产生了很大的影响。具体产生了哪些影响？班固没有说明。我们是否可以推测，东汉时之所以形成全社会性的重名节之风，很有可能是受到了《法言》崇尚令名思想的影响。

---

① 原文为：“或问‘《周官》。’曰：‘立事。’‘《左氏》。’曰：‘品藻。’‘太史迁。’曰：‘实录。’”

② 《法言·君子》：“仲尼多爱，爱义也；子长多爱，爱奇也。”

第三节　以儒为本的道德观和处世原则

人如何能成就为一个真正意义上的人，进而成为道德圆满的圣人，这是扬雄内圣之学所要回答的核心问题。扬雄认为，从人的本性看，人既可能成为善人，也可能成为恶人，要避恶趋善，就要强学力行，以自己的道德行为赢得美好的名声，从而能够在精神上获得不朽。为能达到这一目标，应该履行什么道德规范？在新的历史条件下如何立身处世？为回答这些问题，扬雄以儒家思想为主，兼取道家和墨家等学派的思想成分，在新的历史条件下，重新诠释了儒家道德规范，并且提出了具有时代特色的处世原则，为人们指出了努力的方向。

一　以仁义为核心的道德观

扬雄认为，真正意义上的人，是有道德的君子。为此，他非常推崇道德对于成就人的意义："君子绝德，小人绝力。"（《法言·渊骞》）绝，卓绝，出众，无人企及的意思。品德出众的人才称得上君子，以力量卓绝而著称的人不过是一勇之夫。"先生相与言，则以仁与义；市井相与言，则以财与利。"（《法言·学行》）在道德上有所成就的人和市井小人的区别就在于追求不同。他还说："夫进也者，进于道，慕于德，殷之以仁义，进而进，退而退，日孳孳而不自知倦者也。"（《法言·君子》）真正的上进者，是指那些追求真理，爱慕德行，以仁义规范自己，可进则进，该退则退，追求仁义而不知疲倦的人。扬雄还明确地指出精神上的充实胜于物质上的富有。有人问他："先生生无以养也，死无以葬也，如之何?”生无足够的财富以自养，死无可兹安葬之物，是形容物质上的贫困。扬雄认为，作为一个君子，所关心的不应该是物质上的贫与富。对于追求圣道的士人而言，用道德礼义来养身是最好的自养；因一生德行而获得的美名是最好的“葬”。所以他回答提问者：“以其所以养，养之至也；以其所以葬，葬之至也。”（《法言·学行》）其中所反映出的精神境界，和后世儒者们津津乐道的“孔颜乐处”若合符节。

我们再来看扬雄如何理解道德的含义。在《太玄·玄摛》中，扬雄说：“虚形万物所道之谓道也，因循无革天下之理得之谓德也。”郑万耕先生认为，扬雄在这里所谓的“道、德”，有两重含义：在自然观意义上，道指世界的本源，万物的老根，即万物之所由出；德指万物的本性。在伦理意义上，道指人类活动所共同遵循的准则或规范；德是人类的本性或品质，即人得之于内心的情操。“这种关于道和德的了解，多半来于老子；但就道和德作为伦理学的范畴说，又同儒家的理解是一致的。至于道德的内容，扬雄基本上继承了儒家的思想，而又用道家学说予以补充。”①

对于儒家的道德规范，扬雄强调应该从总体上加以把握，认为仁、义、礼、智、信是一个完整的、不可分割的整体：“道、德、仁、义、礼，譬诸身乎？……天也。合则浑，离则散，一人而兼统四体者，其身全乎！”（《法言·问道》）把道德仁义礼比做人的身体，一个人只有兼备了各种器官才是一个完整的人，同样的道理，只有兼备道德仁义礼的人才能称得上是道德完满的人。

① 郑万耕：《扬雄及其太玄》，台北：蓝灯文化事业股份有限公司，1992 年版，第 157 页。

道德仁义礼是一个天然的整体，结合在一起完美无瑕，如果离散开来，则支离破碎，失去整体性。道德仁义礼诸德目，对成就道德各有其作用：“道以导之，德以得之，仁以人之，义以宜之，礼以体之。”（《法言·问道》）道，引导人向正确的方向前进；德，使人行有所得；仁，使人成就为真正意义上的人；义，使人行事合宜；礼，使人的行为合乎规范。又：

> 或问：“仁、义、礼、智、信之用。”曰：“仁，宅也。义，路也。礼，服也。智，烛也。信，符也。处宅，由路，正服，明烛，执符，君子不动，动斯得矣。”（《法言·修身》）

仁如住宅，义如道路，礼如衣服，智如灯烛，信如符节。践行道德的人好比处身宅中，行在路上，端正衣服，点明灯烛，手持符节。能够做到这样的君子不行动则已，一旦行动必定有所成就。道德诸方面虽各自具有不同的意义，但彼此却是一个不可分割的体系，扬雄的这个观点是一个非常有意义的伦理命题，可惜他没有进一步展开论述，但这一思想在伦理思想史上无疑是一个有价值的闪光点。

除了对道德总体上的论述，扬雄还对儒家传统的仁、义、礼、智、信等道德规范分别做了进一步的解释，以期深化对这几条规范的理解。

首先是仁。仁是儒家最核心的道德理念，所谓：“君子无终食之间违仁，造次必于是，颠沛必于是”（《论语·里仁》）；“志士仁人，无求生以害仁，有杀身以成仁”（《论语·卫灵公》）。《论语》中对仁的解释有很多，最基本的解释是“爱人”（《论语·颜渊》)，孟子也称“仁者，爱人”(《孟子·离娄下》)。扬雄继承了这一儒家传统，他在《太玄》中提出：“视而爱之者，仁也”；“理生昆群兼爱之谓仁也”(《太玄·玄摛》)，理生，即治理养育之义。要把人当做人，视整个人类为一个整体，对待别人如同对待自己一样，养育爱护一切人，使人人自得其所，这就是仁。在这里，扬雄吸取墨家兼爱说补充儒家仁爱思想，对宋代张载的“民胞物与”说有重要影响[①]。在《法言》中，扬雄进一步强调了对人类的爱是仁的本质的思想。如：

> “秦将白起不仁，奚用为也?”“长平之战，四十万人死，蚩尤之乱，不过于此矣。原野厭人之肉，川谷流人之血，将不仁，奚用为!”“翦?”曰：“始皇方猎六国，而翦牙欤。”(《法言·渊骞》)
>
> 申、韩之术，不仁之至矣，若何牛羊之用人也？若牛羊用人，则狐狸、蝼螾不膢腊也与？或曰：“刀不利，笔不铦，而独加诸砥，不亦可乎?”曰：“人砥，则秦尚矣。”(《法言·问道》)

秦将白起在长平之战中坑杀四十万投降将士，扬雄认为这种做法有悖仁道，堪与蚩尤之乱相比。在秦统一天下过程中立下赫赫战功的王翦，也被扬雄称之为爪牙。这些杀人如麻的将领，不符合仁的要求，在扬雄看来是不应该得到任用的。扬雄贬斥法家思想，主要因为其不人道的做法有悖于儒家的仁爱精神。

---

① 参见郑万耕《扬雄及其太玄》，台北：蓝灯文化事业股份有限公司，1992年版，第169页。

关于义，扬雄在《太玄·玄摛》中说：“列度宜之为义也。”在《法言·问道》中，扬雄又说：“义以宜之。”在《重黎》篇中，有人问“义”，扬雄解释道“事得其宜之谓义”。以“宜”释“义”，意在强调义体现在人们处理具体事务时所遵循的适当尺度中。这和《礼记·中庸》中“义者，宜也”的说法是一致的。而做事合宜与否，要看是否符合儒家伦理的要求。在《渊骞》篇中，扬雄又结合具体实例进一步明确了“义”的伦理内涵：

> 或问：“要离非义者与？不以家辞国。”曰：“离也，火妻灰子，以求反于庆忌，实蛛蝥之靡也，焉可谓之义也？”“政？”“为严氏犯韩，刺相侠累，曼面为姊，实壮士之靡也，焉可谓之义也？”“轲？”“为丹奉于期之首、燕督亢之图，入不测之秦，实刺客之靡也，焉可谓之义也？”

要离，春秋时期刺客。要离为吴王阖闾行刺王子庆忌，为骗取庆忌的信任，让阖闾断其一臂，又杀死自己的妻子儿女并焚尸扬灰，事见《吕氏春秋·忠廉》。政，指聂政，战国时期刺客。聂政应严遂之请，刺杀韩傀，行刺成功后自屠出肠而死。为了不连累他姐姐，聂政自杀时自毁面容，事见《战国策·韩策》和《史记·刺客列传》。轲，指荆轲。荆轲受燕太子之命刺杀秦王嬴政，为使行刺成功，携带秦将樊於期的人头和燕督亢地图入秦，事见《史记·刺客列传》。这三个人的事迹富有传奇色彩，汉代不少人以之为义士，但扬雄却分别称他们为“蛛蝥之靡”“壮士之靡”和“刺客之靡”，不许之以义，因为他们的行为皆有不符合礼义规范之处。

关于礼，扬雄说：“礼，体也。人而无礼，焉以为德？”（《法言·问道》）李轨注："礼如体。无体，何得为人？无礼，何能立德？"人内有德则外有礼，如同精神和形体的关系，礼就好比是人的身体：没有身体，精神就失去了依托；没有礼，德也就无从谈起。他又说："实无华则野，华无实则贾，华实副则礼。"（《法言·修身》）贾，《说文》谓"市也"，原意为市场，这里引申为像商人交易一样虚伪不实。礼是个人内在高尚品质和外在美好行为的统一。这些思想先儒大都已论及，扬雄在这里的观点并无多少新意，但扬雄关于礼的本质的一段论述，颇耐人寻味：

> 或问："太古德怀不礼怀，婴儿慕，驹犊从，焉以礼？"曰："婴、犊乎！婴、犊母怀不父怀。母怀，爱也；父怀，敬也。独母而不父，未若父母之懿也。"（《法言·问道》）

"母怀""德怀"，指人类社会早期母子之间基于血缘纽带的自然亲情，其本质是爱；"父怀""礼怀"，指宗法制度下子女对父母的伦理亲情，其特质是敬。前者是人和动物共有的；后者则是人类所特有的。礼作为一种伦理规范系统，其精神本质是自然情感和伦理情感的统一，爱和敬同时具备才叫礼。认为伦理道德基于人的血缘亲情，这是自孔子以来的儒家传统。扬雄在此基础上区分了血缘亲情和伦理亲情，这一辨析凸现了礼基于人的本性，但礼的本质体现在人的社会性之中。这种认识是对儒家伦理思想的贡献。

扬雄还指出，君子行动做事要考虑是否合于礼的规范和要求，所谓"君子动则拟诸事，事则拟诸礼"（《法言·孝至》）。《重黎》篇里也谈到了礼：

扬王孙裸葬以矫世。曰："矫世以礼，裸乎？如矫世，则葛沟尚矣。"

扬王孙，《汉书》作"杨王孙"，名贵，字王孙，汉武帝时人，"学黄、老之术，家业千金"。据《汉书·杨胡朱梅云传》记载，杨王孙病重时嘱儿子将其裸葬，"以身亲土"，"以反吾真"。有人赞赏杨王孙，认为他的做法有矫正世俗厚葬之风的意义。扬雄坚决反对这种观点。他认为矫正世风应该依照礼仪而行，裸葬不符礼制，有悖于人情，不利于社会教化。如果裸葬也能算是"矫世"，不如干脆以葛布裹尸，投于沟壑之中更彻底。由这条材料看，在扬雄的思想中，判断一事物是否符合礼，要看其能否有益于社会教化。

关于智，《玄摛》有"见而知之者，智也的说法"。这是从认识论意义上讲"智"。在《法言》中，扬雄指出："智，烛也。"（《法言·修身》）这里的"智"，是指理性对行动的指导作用而言，这种作用以人的认知能力为基础，已经超出了认识论的范畴，是伦理意义上概念。扬雄对智的判断，多从伦理意义着眼。如：

或问："屈原智乎？"曰："如玉如莹，爰变丹青。如其智！如其智！"（《法言·吾子》）

樗里子之知（智）也，使知国如葬，则吾以疾为蓍龟。（《法言·渊骞》）

或问："吕不韦其智矣乎，以人易货？"曰："谁谓不韦智者与？以国易宗。不韦之盗，穿窬之雄乎？穿窬也者，吾见担石矣，未见雒阳也。"（《法言·渊骞》）

盛赞屈原为大智，显然是指《史记·屈原贾生列传》中所称屈子："正道直行，竭忠尽智"，"其志洁，其行廉"而言。樗里子，名疾，秦惠王之弟，以滑稽多智而著称。据《史记·樗里子甘茂列传》记载，樗里子曾在生前预言自己的坟墓会被帝王宫殿所夹。他的预言在汉兴以后得以证实。扬雄不以樗里子的准确预知为智，他认为真正的智应该用于对国家命运的把握，而樗里子只关心自己的身后之事，不足称道。吕不韦重金资助在赵国为质的子楚，子楚继位之后吕氏得以封侯。这种"以人易货"的做法，在扬雄看来只不过是为个人谋利，只能算是"穿窬"（盗窃）之举，不能称之为智。

关于信，扬雄认为："信，符也。"（《法言·先知》）是指人际交往过程中所表现的信用。《重黎》篇中有一条材料涉及"信"：

> 或问"信"。曰："不食其言。""请人。"曰："晋荀息，赵程婴、公孙杵臼，秦大夫凿穆公之侧。"

荀息，春秋时晋大夫，晋献公之子奚齐之傅。晋献公临终时，荀息向献公承诺竭力辅弼奚齐，事不成则以死尽忠。后奚齐为里克弑杀，荀息如言为奚齐而死。事见《左传·僖公》。程婴，春秋时人，在友人赵朔遭灭门之祸时，与公孙杵臼设计保护赵氏遗孤，公孙杵臼为之先死，待赵氏遗孤赵武长大成人后，程婴自杀以随公孙杵臼。事见《史记·赵世家》。"秦大夫凿穆公之侧"，是指秦国大夫奄息、仲行等人信守当年诺言，在秦穆公死后为之殉葬之事。在这三个事例中，主人公都为信守诺言而付出了自己的生命，扬雄许之为"信"，其伦理意味相当浓厚。

除了儒家传统的五常，扬雄还谈到了忠和孝这两个道德概念。扬雄对忠孝的重视，反映出封建专制制度建立之后，儒家伦理观的新变化。

忠，是儒家传统的道德范畴之一。在孔子那里，忠有两层含义，一是指人际交往中的忠诚无欺。如："为人谋而不忠乎？"（《论语·学而》）"主忠信"（《论语·学而》）和"居处恭，执事敬，与人忠"（《论语·子路》）。扬雄也在这一意义上谈到了忠："君子忠人，况己乎？小人欺己，况人乎？"（《法言·君子》）但《法言》中涉及最多的是忠的第二层含义，即下级对上级、臣子对君主尽心尽力的服从。扬雄首先指出，臣下对君主的忠，应该是用正道辅助君主，而不是一味地屈从君主甚至助纣为虐。如：

> 或问："李斯尽忠，胡亥极刑，忠乎？"曰："斯以留客至作相，用狂人之言，从浮大海，立赵高之邪说，废沙丘之正，阿意督责，焉用忠？"（《法言·重黎》）

扬雄认为，李斯当年上书谏秦王留客，还算得上是忠。但他高居相位，未能谏阻始皇迷信方士之言和东游泛海求长生之事，反而从其逆行；始皇病死沙丘后，他又支持赵高背弃遗诏，拥立胡亥；二世当政时，他献督责之术以荼毒百姓。如此数举都不是忠直之事，故而不许李斯为忠。又：

> 或问："蒙恬忠而被诛，忠奚可为也？"曰："堑山堙谷，起临洮，击辽水，力不足而死有余，忠不足相也。"（《法言·渊骞》）

蒙恬修筑长城，用民之力而不知爱惜，百姓竭尽财力不足以完工，死伤无数。蒙恬这种所谓的忠，实际上是助纣为虐，在扬雄看来不值得一提。他还强调，臣下对君主的忠应一以贯之，有始有终。他举例说明：

> "霍?"曰："始元之初，拥少帝之微，摧燕、上官之锋，处废兴之分，堂堂乎忠，难矣哉！至显，不终矣。"（《法言·重黎》）

霍，指霍光，武帝时名将霍去病之弟。霍光受武帝临终托付辅佐年幼的昭帝，后又废掉荒淫的昌邑王，改立宣帝。辅政期间，他曾挫败燕王刘旦和上官桀等人的叛乱，为汉政权的稳定和巩固立下大功，扬雄因此称其为忠。显，指显夫人，霍光之妻。显夫人骄横跋扈，为立自己的女儿为宣帝皇后而命人投毒弑杀许皇后。霍光权位至尊，但对自己家人未能加以管束，任其专横，结果导致身后遭灭族之祸。扬雄认为其忠还不彻底，"不终"。又：

> 韩信、黥布皆剑立，南面称孤，卒穷时戮，无乃勿乎?或曰："勿则无名，如何?"曰："名者，谓令名也。忠不终而躬逆，焉攸令?"（《法言·重黎》）

勿，读作昒，暗昧之义。韩信和黥布曾因挥剑建功而为王称孤，但最终落得个身受酷刑而死的结局，这并非是因为他们暗昧于事理，而是由于他们不能始终如一地尽忠。扬雄还强调，下对上的忠和上对下的惠是相辅相成的。他指出："惠以厚下，民忘其死；忠以卫上，君念其赏。……诚哉，是言也!"（《法言·寡见》）这种对忠的理解，同后世把忠绝对化，要求臣子无条件地服从君王的愚忠思想显然不同。这是向孔子“君使臣以礼，臣事君以忠”（《论语·八佾》）思想的回归。

孝，虽不在“五常”之列，却是儒家传统的道德观念。《论语》中“孝”被认为是“为仁之本”（《论语·学而》）。在《吕氏春秋》中，孝的地位得到突出：“凡为天下治国家，必务本而后末。……务本莫贵于孝”（《吕氏春秋·孝行》）；“夫执一术而百善至，百邪去，天下从者，其惟孝也?”（《吕氏春秋·孝行》）还有：“先王之教，莫荣于孝，莫显于忠。忠孝，人君人亲之所甚欲也。显荣，人子人臣之所甚欲也。”（《吕氏春秋·劝学》）较之《论语》等先秦儒典，《吕氏春秋》“更多的从政治可操作的意义上讲孝的意义”[①]。这表明，为政者已经认识到，孝具有服务于政治统一需求的功能。到了汉代，孝成为最为重要、最受重视的道德观念之一。汉代统治者以“以孝治天下”而著称于史；自刘邦以后，历代帝王都以孝为谥；朝廷选士科目中专有孝廉一科；自汉惠帝至东汉顺帝，全国性对孝悌的褒奖、赐爵达三十余次；翻检史籍，地方性对孝悌的褒奖更是不胜枚举，皇帝巡行各地常有褒奖孝悌之事……我们由此不难看出汉代统治者充分利用孝道巩固专制统治的用心。

在《法言》中，扬雄对孝也是推崇备至，“孝，至矣乎！一言而该，圣人不加焉”（《法言·孝至》）。他认为孝能涵盖一切道德。他对孝的阐发更多的是突出其本义，即子女对父母的报养之情。扬雄他把父母比做子女的天地，认为父母的养育之恩是不可论其丰厚与否的：

① 李泽厚：《中国思想史论》上，安徽文艺出版社，1999年版，第143页。

父母，子之天地与？无天何生？无地何形？天地裕于万物乎？万物裕于天地乎？裕父母之裕，不裕矣。（《法言·孝至》）

天地能使万物丰厚，而万物怎能使天地丰厚？如果以丰厚论父母之恩，则会有人妄议父母恩薄，那岂不是不孝？只有像舜这样的圣人，才能做到尽心侍奉父母却自认为做得不够："事父母自知不足者，其舜乎？"（《法言·孝至》）作为子女，应该对父母"死生尽礼，可谓能子乎"（《法言·孝至》）。侍奉双亲，首先要明白父母不可能久驻人世，"不可得而久者，事亲之谓也。孝子爱日"（《法言·孝至》）。"爱日"，是说要珍惜父母在世时的时光，尽心孝养，这就是"生尽礼"。父母谢世之后，要庄重地奉行斋戒祭祀：

孝子有祭乎？有齐乎？夫能存亡形，属荒绝者，惟齐也。故孝子之于齐，见父母之存也，是以祭不宾。人而不祭，豺獭乎！（《法言·孝至》）

齐，读作斋，指斋戒。通过斋戒洁身静神，可以感知故去父母的存在。"祭不宾"是说祭祀时对待亡灵要敬而又亲，不要像对待宾客一样，恭敬之意多于亲近之情。

在扬雄对孝道的认识中，有两点值得注意。其一，较之物质上的供养，更重视给父母以精神上的满足：

或曰："猗顿之为富以为孝，不亦至乎？颜其馁矣！"

曰："彼以其粗，颜以其精；彼以其回，颜以其贞。颜其劣乎？颜其劣乎？"（《法言·学行》）

猗顿，春秋末年巨商；馁，饥饿；回，邪；贞，正。颜渊以自己道德上的精进来使父母欢悦，并不逊于以财富奉养父母的做法。这种孝道观在汉代较为通行，《孝经》中即谓："立身行道，扬名于后世，以显父母，孝之终也。""夫孝，始于事亲，中于事君，终于立身。"《史记·太史公自叙》中，司马谈临终对司马迁的嘱托，也反映了这种对孝的认识。其二，扬雄并不推崇子女对父母单方面无条件地尽孝，他更赞赏父子双方都成为道德上的楷模：

曰："石奋、石建，父子之美也。无是父，无是子；无是子，无是父。"或曰："必也，两乎？"曰："与尧无子，舜无父，不如尧父舜子也。"（《法言·孝至》）

石奋，汉初人，为人恭谨，文帝时官至太子太傅。他有四个儿子，都因恭谨孝顺官至二千石，长子石建最孝，石奋死后，石建哀思伤毁过度而死。事见《史记·万石君张叔列传》。"尧无子"，指尧子丹朱不肖，不足以授天下；"舜无父"，指舜父顽劣。尧子、舜父之事见《史记·五帝本纪》。扬雄并不赞赏舜对顽劣之父的孝敬，认为尧这样的父亲和舜这样的儿子组合在一起才是值得称道的，故而他称石氏父子为"父子之美"。

从扬雄对传统儒家道德规范的理解中，我们可以发现两个特点。首先是突出强调道德源于人的自然情感。这表面上看起来并无新意，但对比秦汉思想家们以阴阳五行比附仁义道德的言论，扬雄向先秦儒学回归所表现出来的人文主义精神就显得格外引人注目。其次，扬雄强调道德生活是一种立足于个体的自主自觉行为。他对仁和礼的一段阐释典型地反映出这一特点：

> 人必先作，然后人名之；先求，然后人与之。人必其自爱也，而后人爱诸；人必其自敬也，而后人敬诸。自爱，仁之至也；自敬，礼之至也。未有不自爱敬而人爱敬之者也。（《法言·君子》）

爱和敬是仁和礼的本质所在，自爱和自敬既是仁、礼的基础，又是仁、礼的最高境界，只有人人都做到了自爱和自敬，仁和礼的精神才能真正得到实现。这就是说，自主、自觉的道德意识，是道德行为的前提和必要条件。扬雄对道德生活中主体能动性的彰显，在汉代思想界不厌其烦地寻求道德伦理与专制集权政治体制结合点的大背景下，显得尤为可贵。

二　“明哲保身”的处世观

强调主体能动性在道德生活中的意义，是扬雄重视个体价值思想在伦理观上的反映，也与他人人可成圣人的理念相符相契。正是由于扬雄重视个体价值，他在强调人必须履行道德规范、成就道德人格的同时，又不惜笔墨地对人如何处世、如何在险恶的环境中保全自身的问题加以探讨。这部分内容，主要集中在《法言·问明》篇中，扬雄在对历史人物品评的过程中，也渗透了他的处世观。

和儒学先辈一样，扬雄承认有天命，认为天命“非人为”，他同时又指出“非命”的存在，“非命”属于“人为”，即人可以自主支配的领域：

> 或问“命”。曰：“命者，天之命也，非人为也，人为不为命。”请问“人为”。曰：“可以存亡，可以死生，非命也。命不可避也。”或曰：“颜氏之子，冉氏之孙。”曰：“以其无避也，若立岩墙之下，动而征病，行而招死，命乎！命乎！”（《法言·问明》）

颜氏之子指颜渊，冉氏之孙指冉伯牛，二人都是孔子的学生，都有德行但不幸早亡。扬雄认为他们的夭折是天命所致，是人力所无法避免。在天命范围之外，人是可以做出选择的，这时人们要尽可能地避免自己处于危险的境地，保全自己。基于这一认识，信守儒家伦常的扬雄并没有和他的前辈一样主张不惜杀身以成仁，与之相反，他主张运用智慧“明哲保身”：

> 或问：“人何尚？”曰：“尚智。”曰：“多以智杀身者，何其尚？”曰：“昔乎，皋陶以其智为帝谟，杀身者远矣；箕子以其智为武王陈《洪范》，杀身者远矣。”（《法言·问明》）
>
> 或问“活身”。曰：“明哲。”或曰：“童蒙则活，何乃明哲乎？”曰：“君子所贵，亦越用明保慎其身也。如庸行翳路，冲冲而活，君子不贵也。”（《法言·问明》）

在扬雄看来，人类智慧的一个重要作用，是在成就事功、为社会做出贡献的同时，保全自己的性命。在《太玄赋》中，他对屈原的自沉、伯姬的焚身、伯夷和叔齐的饿死首阳山不乏微辞，认为他们的做法“何足称”。在《法言·渊骞》篇中，扬雄对晁错因削藩而招致杀身之祸的评价是“愚”。这些人虽在道德事功上有可称道之处，但不能保全自身，扬雄以为他们不明智。在《重黎》篇中，他点评吴越争霸时期的三位重要人物——伍子胥、文种和范蠡，指责三人所作所为都有违儒家仁义之道，不足以许之为贤，但对范蠡功成身退的做法表示赞许[①]。在评价当代臣子时，他称不居功自傲、因谨慎而著称的石庆、金日磾、张安世和丙吉为“臣自得”；称虽有功于朝廷，但不能善终，最终名败身死的李广利、田广明、韩延寿和赵广为“臣自失”[②]。

有学者视扬雄明哲保身的处世观为道家思想的成分，并视为他思想体系不纯正、不彻底的表现[③]。笔者认为，扬雄处世观是受到了道家思想的影响，但不能简单地归结为道家思想。

说扬雄受到道家思想的影响，显然和他早年曾师从严君平有关。严君平是一位以隐逸而著称的道家学者，《全汉文》卷四十二收录有严君平的一篇“座右铭”，全文如下：

> 夫疾行不能遁影，大音不能掩响，默然托荫，则影响无因。常体卑弱，则祸患无萌。口舌者，祸福之门，灭身之

---

① 原文为：“或问：‘子胥、种、蠡孰贤？’曰：‘胥也，俾吴作乱，破楚、入郢、鞭尸、藉馆，皆不由德；谋越谏齐不式，不能去，卒眼之。种、蠡不强谏而山棲，俾其君诎社稷之灵而童仆，又终弊吴。贤皆不足邵也。至蠡策种而遁，肥矣哉！’”（《法言·重黎》）肥，语出《周易·遁》：“上九，肥遁，无不利。”

② 《法言·重黎》：“或问：‘臣自得’。曰：‘石太仆之对，金将军之谨，张卫将军之慎，丙大夫之不伐善。’请问：‘臣自失’。曰：‘李贰师之执贰，田祁连之滥帅，韩冯翊之愬萧，赵京兆之犯魏。’”

③ 如黄开国先生认为：扬雄的人生观“有浓厚的道家避世色彩”，“扬雄是十分推重儒家伦理学说的，因而，主张明哲保身的避世、自甘柔下，与他的整个思想基调存在着某种不协调。”参见黄开国《一位玄静的儒学伦理大师—扬雄思想初探》，巴蜀书社，1989 年版，第 159－160 页。

斧。言语者，天命之属，形骸之部。出失则患入，言失则亡身。是以圣人当言而怀，发言而忧，如赴水火，履危临深，有不得已，当而后言。嗜欲者，溃腹之矛；货利者，丧身之仇；嫉妒者，亡躯之害；谗佞者，刎颈之兵；残酷者，绝世之殃；陷害者，灭嗣之场；淫戏者，殚家之堑；嗜酒者，穷馁之薮；忠孝者，富贵之门；节俭者，不竭之源。吾日三省，传告后嗣，万世勿遗。

从这篇座右铭来看，严君平的处世原则是典型的老庄思想。我们再对比一下扬雄在《解嘲赋》中的一段话：

且吾闻之也，炎炎者灭，隆隆者绝；观雷观火，为盈为实，天收其声，地藏其热。高明之家，鬼瞰其室。攫拏者亡，默默者存；位极者宗危，自守者身全。是故知玄知默，守道之极；爰清爰静，游神之庭；惟寂惟寞，守德之宅。世异事变，人道不殊，彼我易时，未知何如。

二者的相通之处还是很明显的，我们的确不应忽视严君平对扬雄的影响。

说扬雄的处世观不能简单地归结为道家思想，是因为自孔子以来，儒家先哲们一直奉行有道则进，无道则退的原则。在政治形势不宜干政进取时，他们视保全自己的生命为最高智慧。孔子就曾讲：“危邦不入，乱邦不居，天下有道则见，无道则隐。邦有道，贫且贱焉，耻也；邦无道，富且贵焉，耻也。”（《论语·泰伯》）他对“邦有道不废，邦无道免于刑戮”的南宫适大加称赞，并且把自己的侄女嫁给了他（《论语·公冶长》）。蘧伯玉能够做到“邦有道，则仕；邦无道，则可卷而怀之”，孔子赞叹其为君子（《论语·卫灵公》）。可见，社会政治条件有利时积极进取，入世弘道；社会政治条件不成熟时保全性命，等待实现理想抱负的时机，这本是儒家传统的人生态度。扬雄明哲保身的思想，是这一传统思想在新历史条件下的继承和发展，其特点在于对“时”的重视，强调时机——这一决定进退的条件。

扬雄非常明确地说：“故为可为于可为之时，则从；为不为于不可为之时，则凶。”（《汉书·扬雄传》）《法言》中，类似的说法很多：

> 朱鸟翾翾，归其肆矣。或曰：“奚取于朱鸟哉?”曰：“时来则来，时往则往，能来能往者，朱鸟之谓与?”（《法言·问明》）
>
> 亨龙潜升，其贞利乎? 或曰：“龙何如可以贞利而亨?”曰：“时未可而潜，不亦贞乎? ……潜升在己，用之以时，不亦亨乎?”（《法言·问明》）
>
> 非其时而望之，非其道而行之，亦不可以至矣。（《法言·寡见》）

强调时机的同时，扬雄始终没有放弃儒家的原则和立场。在《法言·重黎》篇中，他与人讨论如何评价原为项羽部将的季布：

> 或问：“季布忍焉，可为也?”曰：“能者为之，明哲不为也。”或曰：“当布之急，虽明哲如之何?”曰：“明哲不终项仕，如终项仕，焉攸避?”

季布曾数次围困刘邦。项羽兵败后，刘邦悬赏捉拿季布，季布为活命曾一度卖身为奴。扬雄对季布的做法很不以为然，认为他的窘困完全是由于坚持追随项羽造成的。可见，扬雄所说的“明哲”，是立足于对是非观念的把握，要人们首先站稳立场，明确方向，而不是把存身活命放在第一位。

我们看一下扬雄所极力推崇的几个人物：在《问神》篇中的郑子真、《问明》篇中龚氏兄弟和严君平，还有《渊骞》篇中的李仲元。他们有两个共同点：一是隐逸，二是以德行操守而著称。现比之下，扬雄更推崇他们的德行和操守：他称郑子真“不屈其志”；龚氏兄弟之“絜”（洁）和“清”，显然是指他们不愿仕莽而辞官隐居；严君平的“珍”是因为他“久幽而不改其操”；至于扬雄极力称赞的李仲元，更是一位“以德诎人”的“世之师”①。其实隐逸并不是他们被称道的首要原因。扬雄所要表达的意思是，这些人虽不为世人广知，但不影响他们是道德上的典范，世人的楷模。再看一下他在《法言·渊骞》篇中对东方朔的评价：

> 世称东方生之盛也，言不纯师，行不纯表，其流风遗书，蔑如也。或曰：“隐者也。”曰：“昔之隐者，吾闻其语矣，又闻其行矣。”或曰：“隐道多端。”曰：“固也！圣言圣行，不逢其时，圣人隐也。贤言贤行，不逢其时，贤者隐也。谈言谈行，而不逢其时，谈者隐也。昔者箕子之漆其身也，狂接舆之被其发也，欲去而恐罹害者也。箕子之《洪范》，接舆之歌凤也哉！”或问：“东方生名过实者，何也？”曰：“应谐、

① 《高士传》：“李弘字仲元，蜀人也。居成都，里中化之，班白不负担，男女不错行。”《华阳国志·蜀郡士女赞》：“仲元抑抑，邦家仪形。”

> 不穷、正谏、秽德，应谐似优，不穷似哲，正谏似直，秽德似隐。”请问“名”。曰：“诙达。”“恶比？”曰：“非夷尚容，依隐玩世，其滑稽之雄乎！”或问：“柳下惠非朝隐者与？”曰：“君子谓之不恭。古者高饿显，下禄隐。”①

东方朔在武帝时曾为太中大夫，以诙谐滑稽而著称，世人多称道其事，赞其为“朝隐”。扬雄却认为他“言不纯师，行不纯表”，不值得世人效法。东方朔“应谐、不穷、正谏、秽德”，表面上看起来和古代圣贤有相似之处，但无圣贤之德行，根本不能与箕子和接舆相比。圣贤生不逢时固然会选择隐退，但决不会因此而放弃自己的人格和节操。故而，他称东方朔为“滑稽之雄”。由此可见，扬雄所推崇的隐者，是儒家的隐者，和《庄子》等道家典籍中所描述的隐者有本质区别。

扬雄处世哲学中的儒家立场，不仅表现在对待隐逸的态度上，他还强调君子，甚至圣人，为了达到弘扬圣道的目的，在有的情况下要暂时屈服：

> 或问：“圣人有诎乎？”曰：“有。”曰：“焉诎乎？”曰：“仲尼于南子，所不欲见也；阳虎，所不欲敬也。见所不见，敬所不敬，不诎如何？”曰：“卫灵公问阵，则何以不诎？”曰：“诎身，将以信道也。如诎道而信身，虽天下，不为也。”（《法言·五百》）

---

① 此段文句，与《诸子集成》中所收《法言》本出入较大。本文采用中华书局《法言义疏》本。

诎，同“屈”，屈服。南子，卫灵公夫人，性淫乱又干预朝政。孔子周游列国至卫，南子要求孔子拜见，孔子虽不情愿，但最终还是去见了。事见《论语·雍也》，《孔子世家》中亦有记载。阳虎，鲁国季氏家臣，专鲁国之政。阳虎曾想召见孔子，孔子虽不愿和他往来，但还是依礼回敬了他。事见《论语·阳货》。卫灵公问阵，事见《论语·卫灵公》，卫灵公向孔子请教战阵之事，孔子断然拒绝回答。扬雄认为，儒者在为实现理想而奋斗的过程中，在不关涉原则的情况下，可以暂时委曲求全，适当变通，这就是“诎身信道”。信，通“伸”，伸张义。委屈和变通服务于弘扬圣道的目的，如果要放弃原则立场地“诎道信身”，扬雄是断然予以否定的。

扬雄反复强调，作为一个君子，不管在治世或乱世，都要保持自己的节操。这一点在《法言·问明》篇中表达得非常明确：

> 或问“君子”。“在治曰若凤，在乱曰若凤。”或人不谕。曰：“未之思矣。”曰：“治则见，乱则隐。鸿飞冥冥，弋人何慕焉？鷦明遴集，食其絜者矣；凤鸟跄跄，匪尧之庭。”

> 君子在上，则明而光其下；在下，则顺而安其上。（《法言·孝至》）

扬雄的理想，是要在恶浊、纷乱的世道里，做一个有独立人格、有操守的儒者。至于他人生态度中带有道家意味的成分，并非与其儒家本位立场相水火。我们不否认，扬雄人生态度中明哲保身的成分比先秦儒家浓厚得多，但这一特色应该视为儒家传统人生哲学在专制政治条件下的发展，是两汉时期儒家知识分子承受巨大政治压力的反映。

第四章　《法言》中的外王理论

“内圣外王”一词，首见于道家典籍《庄子·天下》篇，后来却成为儒家理论体系的代名词。内圣是对己而言，主要指道德修养；外王是对人而言，主要指国家治理之道。儒家学者的理论体系一般都包含这两个方面的内容。很多学者已经指出，强调内圣是扬雄思想的一大突出特征，其实，扬雄也非常关注现实政治问题，外王理论同样在《法言》中占有相当的比重。

不同的历史语境下，儒学理论中的内圣与外王有着不同的结合方式。在先秦儒家的思想中，内圣与外王存在着直接贯通的可能性，一个道德和智慧上的圣人，同时也应该是现实政治中的君王。秦汉时期，儒家把政治理论的重心转到了如何对封建君王的权力加以限制上。扬雄将实现政治理想的希望寄托在君王道德修养的提高上，这在很大程度上折射出专制主义政治对儒学政治理论的影响。尽管在专制集权政治之下，知识分子已经没有了先秦诸子时期的理论自信和自尊，他们大多只能小心谨慎地进言献策。在这样的氛围中，扬雄高扬儒家理想的旗帜，呼吁君主实行德治，以礼乐教化民众。针对汉代政治中“霸王道杂之”的实际，他重申儒家民本主义的政治原则，呼吁统治者体察民情，建立“中和之政”。建立理想政治的过程中，推行教化是儒家理论的一个重要观点，扬雄也就这一问题阐述了自己的观点，其中不乏折射时代特色的真知灼见。

第一节 “审其思斁”的德治思想

以民本主义为特征的德治（或仁政）思想，是儒家政治思想的特质所在。在《法言》中，扬雄继承并发扬了先秦儒学，特别是孟子的思想，呼吁人君体察民情，关爱百姓。他反对汉代统治阶级推行法家政治主张，猛烈抨击苛法繁复、酷吏当道的政治现实。在批判现实的同时，扬雄也吸取儒家之外各家的思想因素，提出了建立“中和之政”的主张。

一 人君的修养

在封建时代，皇帝拥有绝对的权威，是整个社会的主宰，所谓“溥天之下，莫非王土，率土之滨，莫非王臣”（《诗·小雅·北山》）。在这种体制下，皇帝的个人素质有时会影响到整个国家的治乱兴衰。从孔子以来，儒家学者在大力宣讲德治仁政的同时，也非常重视人君的道德修养问题。在他们看来，人君有两种：一种是以尧舜禹汤文武为代表的圣贤之君，一种是以桀纣为代表的暴君。只有圣贤之君才能实行德治仁政，因为圣贤之君能够以自身的表率为民众树立榜样，从而有效地推动社会教化，提高全社会的道德水准。据《论语》记载，季康子曾向孔子请教为政之道，孔子回答他：“政者，正也，子帅以正，孰敢不正？”又说：“子欲善，而民善矣！”（《论语·颜渊》）在《论语·子路》

篇中，孔子强调人君的表率作用直接关系到政令的畅通与否：“其身正，不令而行；其身不正，虽令不从。”孟子也指出：“君仁莫不仁，君义莫不义，君正莫不正。一正君而国定矣。”（《孟子·离娄上》）荀子更是以比喻的方式，把这一道理讲得非常透彻，他说：“君者，民之原也，原清则流清，原浊则流浊。”又说：“君者仪也，民者景也，仪正而景正。君者盘也，民者水也，盘圆而水圆。君者盂也，盂方而水方。”（《荀子·君道》）董仲舒更是把人君置于沟通天人的中间环节，以此来突出人君在社会政治中的作用。孔孟不仅反复申述这一思想，而且周游列国，汲汲惶惶地希望能找到一位贤明君主，来实现他们的政治理想。

扬雄在寄希望于人君修养上和儒学前辈深有同感，他从哲学的高度论证了社会的治乱取决于国君的命题。《太玄·玄文》曰：“天地之所贵曰生，物之所贵曰人，人之大伦曰治，治之所因曰辟。崇天普地，分群偶物，使不失其统，莫若乎辟。”辟，指国君，语出《诗·大雅·荡》：“荡荡上帝，下民之辟。”辟即指君主。在《玄莹》中，扬雄又说：“一辟三公九卿二十七大夫八十一元士，少则制众，无则制有。”一君三公九卿之说出自《礼记·王制》，是汉代经学家所津津乐道的理想官制，扬雄借此强调人君是社会的主宰。在《法言》中，扬雄还有一个形象的比喻：“雌之不才，其卵毈矣；君之不才，其民野矣。”（《法言·先知》）雌，指雌鸟。毈，败坏的卵。这句话的意思是说，雌鸟如果没有本事，所产的卵就孵不出小鸟；同样道理，人君如果无德无能，他的子民就会不知礼仪。扬雄在此要说明的是，人君的素质直接影响到国民的素质。

既然人君的作用如此重要，如何使人君成为圣贤之君就是实现儒家政治理想的关键所在了。孔子认为，治国的君子应该“修己以安人”，“修己以安百姓”（《论语·宪问》）。孟子更是明确地提出，君主应该修养自己的德行，因为“天下之本在国，国之本在家，家之本在身”（《孟子·离娄上》），所以“君子之守，修其身而天下平”（《孟子·尽心下》），君主通过修养，使自身成为道德楷模，这是实现理想政治的前提。扬雄继承并发展了儒学先辈的观点，在《法言·先知》篇中，他提出了“先自治而后治人”的主张。他还从理论上把人君对社会的决定作用进一步归结为人君之心的作用：“天地之得，斯民也；斯民之得，一人也；一人之得，心矣。”（《法言·孝至》）所谓“一人”即是指人君，扬雄在这里想要表达的意思是，天下万民皆系于人君一人，人君一人又是由人君之心决定的。因此，有人问大，扬雄答之以小，问远，答之以近：

> 或问“大”。曰：“小。”问“远”。曰：“迩。”未达。曰：“天下为大，治之在道，不亦小乎？”（《法言·孝至》）

天下不可谓不大，四海不可谓不远，国家事务千头万绪，要把这些治理好，就必须依据圣人之道，推行圣人之道又系于人君一心①。如此，人君修养自身品质的重要性就不言而喻了。

扬雄认为，人君加强自身修养，首先要以身作则，带动臣民搞好政务。有人问他治理国家首先应该做什么，他回答说：“躬工人绩。”（《法言·先知》）躬，身也，亲身、自身之义；工，同功，勤劳职事，有所成功。“躬工人绩”是说君王自身勤于政务，

① 参见黄开国《一位玄静的儒学伦理大师——扬雄思想初探》，巴蜀书社，1989年版，第171页。

为他人树立可资效法的典范，这样治国才能成功。有人问他用什么治理国家，他回答要树立良好的政道。至于如何树立良好的政道，扬雄的答案是："政之本，身也。身立则政立矣。"(《法言·先知》)政道的根本在立政者，也就是君王本身，只有君王自已首先践行，良好的政道才能树立起来。

强调搞好政务的同时，扬雄也非常重视对人君道德的要求：

> 或曰："食如螘，衣如华，朱轮驷马，金朱煌煌，无已泰乎?"曰："由其德，舜、禹受天下不为泰。不由其德，五两之纶，半通之铜，亦泰矣。"(《法言·孝至》)

螘，同"蚁"，或说为"皑"字之讹，指精米的洁白；又李轨注"螘"曰："言精细也"，义同。"食如螘"，形容食物的精美。华，华丽而有光彩。朱轮，车轮涂朱绘画。金朱，金印章，朱色绶带。依汉制，朱轮、驷马、金印、朱绶，是诸侯王以上才能享有的待遇。泰，奢侈。有人认为，王者享受的待遇有奢侈之嫌。扬雄说，如果是凭借自身的美德，再高的待遇也算不上奢侈，如果不是凭借美德，哪怕是享受低级官吏的待遇也是奢侈的。五两之纶，由五股丝绳拧成的绳带。半通之铜，长方形的铜印，因长方形是正方形的一半，固有此称。五两之纶，半通之铜，是汉代啬夫等下级官吏的标志。由此不难看出，扬雄心目中的君王，必须在道德上值得称道。又：

> 或曰："圣人事异乎?"曰："圣人德之为事，异亚之。故常修德者，本也；见异而修德者，末也。本末不修而存者，未之有也。"(《法言·孝至》)

异，指灾异，怪异。汉儒普遍认为，如果世间发生了地震、日食等灾异现象，那就是上天对人君的警告，人君应该修德才能免灾。西汉中后期，经常有皇帝见灾异下诏思过的事①。扬雄对此有非常清醒的认识，他指出：人君若能经常修养德性，就抓住了为政的根本，出现问题后才去修养德性，就没有抓住为政之本；两者都做不到，这样的国君肯定没有好结果。

不可否认，国君在封建社会居于至高无上的地位，是封建政治的总代表。人君的个人素养在一定程度上可以影响甚至决定一定历史时期的社会状况，扬雄认识到了这一点，但却不适当地夸大了人君的作用，尤其是夸大了人君精神的作用。事实上，人君和人君的精神，并不是社会历史的决定因素。与此相反，人君的状况要受一定社会历史条件的制约，而社会历史条件又最终取决于社会生产力发展的水平。扬雄没有透过人君及其精神，来探讨更深层次的动因，这是时代条件使然，是英雄史观的一种表现②。众所周知，汉代思想家们大多关注社会制度和政治机制层面的问题，从天人关系方面来论证人君与治国的关系。在这种思想背景下，扬雄强调人君修身问题关涉到国家社稷，显然有向先

---

① 仅以汉成帝一朝为例：建始三年（前 30）十二月，一天之内连续发生日蚀、地震，成帝下诏曰："朕涉道日寡，举错不中，乃戊申日蚀、地震，朕甚惧焉。公卿其各思朕过失，明白陈之。"河平元年（前 28）四月，发生日全食，成帝下诏："天著厥异，辜在朕躬。公卿大夫其勉，悉心以辅不逮。……陈朕过失，无有所讳。"永始二年（前 15）二月，几天内连续发生流星和日蚀，成帝再次下诏："天著变异，以显朕邮，朕甚惧焉。公卿申敕百寮，深思天诫，有可省减便安百姓者，条奏。"永始四年（前 13）六月，长安地震，成帝诏曰："朕甚惧之。有司其悉心明对厥咎，朕将亲览焉。"元延元年（前 12）七月，有星孛于东井，成帝又下诏："公卿大夫、博士、议郎其各悉心，惟思变意，明以经对，无有所讳。"

② 参见黄开国《一位玄静的儒学伦理大师——扬雄思想初探》，巴蜀书社，1989 年版，第 171—172 页。

秦儒学的回归意味。从儒学发展的历史来看，强调当政者的道德修养及其与社会政治的关系，是儒学政治理论的一个传统话题，扬雄和他的前辈们所阐述的这些思想，与后世宋明理学家“格君心之非”的主张是一脉相传的。

二　民本主义德治观

扬雄等儒家学者希望人君加强自身道德修养，无非是希望借此达成清明、安宁的政治局面，实现儒家的社会理想。从孔子以来的历代儒者，都把人民的生活有一定保障作为政治清明的重要内容，把民不聊生视为昏暗政治的表现。扬雄在如何判定社会政治是否清明的问题上，提出了自己的见解：

> 或问：“为政有几?”曰：“思斁。”或问“思斁”。曰：“昔在周公，征于东方，四国是王；召伯述职，蔽芾甘棠，其思矣夫！齐桓欲径陈，陈不果内，执袁涛涂，其斁矣夫！于戏！从政者审其思斁而已矣。”或问：“何思？何斁?”曰：“老人老，孤人孤，病者养，死者葬，男子亩，妇人桑之谓思。若污人老，屈人孤，病者独，死者逋，田亩荒，杼轴空之谓斁。”（《法言·先知》）

几，通“机”，机要关键之义；思，思念；斁，厌恶的意思。“周公东征，四国是王”，王，李轨认为当作“正”，匡正义。《史记》《逸周书》《尚书》等文献中都有类似记载：周王朝初年，诸侯方国叛乱，周公率兵予以镇压，各国人民纷纷企盼周公军队的到来，周公东征时西方国家人民不满，西征时东方国家的人民不满。"召伯述职，蔽芾甘棠"，蔽芾，树木茂盛的样子。事见《诗经·召南·甘棠》，召公巡行时不入民邑，在甘棠树下处理政务。他死后，人民思念他，不忍心砍伐那棵甘棠树。果，能；内，通"纳"，接纳、接受之义。齐桓公"执袁涛涂"，事见《春秋左传》及《公羊传》。齐桓公伐楚，回师时欲借道陈国，陈大夫袁涛涂借故拒绝，不肯让齐军通过，齐桓公一怒把袁涛涂抓了起来。扬雄认为，统治者为政的成功与否，取决于他是为人民所思念还是被人民厌恶。周公和召公是为民所思念的典范，为政者应该以他们为榜样。齐桓公的做法令人厌恶，国君应该以之为鉴。统治者要想做到为民所思念，就要尊敬老者、爱护孤儿，使病者能够得到养护，死者能够得以安葬，男人有田可耕，女人有桑可采；反之，如果辱慢老人，欺侮孤儿，让病者孤独无助，死者暴尸荒野，田亩荒芜，织机空荡，必然会引起人民的厌恶。

从思想来源上看，扬雄关于人民所思的理想政治，显然受到了孟子仁政思想和《礼记》大同理想的影响。孟子认为达到理想政治的方法是：

> 老吾老，以及人之老；幼吾幼，以及人之幼。天下可运于掌。诗云："刑于寡妻，至于兄弟，以御于家邦。"言举斯心加诸彼而已。故推恩，足以保四海；不推恩，无以保妻子。古之人所以大过人者无他焉，善推其所为而已矣。（《孟子·梁惠王上》）

孟子强调的是王者推己及人，"以不忍人之心，行不忍人之政"，要求统治者像对待自己老人那样对待治下的年老者，像对待自己的孩子那样对待属下的幼儿。简言之，"推恩"于民，就可以实现王道政治。《礼记·礼运》篇虽然没有谈到如何实现儒家理想政治，但为人们描述了一个理想社会的蓝图：

> 大道之行也，天下为公，选贤与能，讲信修睦。故人不独亲其亲，不独子其子，使老有所终，壮有所用，幼有所长，矜寡孤独废疾者，皆有所养。男有分，女有归。货恶其弃于地也，不必藏于己。力恶其不出于身也，不必为己。是故谋闭而不兴，盗窃乱贼而不作，故外户而不闭，是谓大同。

人民的安居乐业是大同理想的重要内容。扬雄对理想政治的描述中，明显带有孟子思想和大同理想的印迹。

所谓人民思斁，其实质是儒家仁爱原则在政治上的运用。扬雄提倡人民所思的政治，要求统治者对人民发善心、施仁政。决定思、厌两种政治的关键在统治者，人民只能被动地接受，而无法对善政或恶政加以选择。统治者贤明与否，对人民的处境好坏有决定性的意义。在贤明政治下，人民就可以得到所思的善政，相反，在昏暗政治下，君主昏庸，官吏险恶，人民就会感到厌恶。

人民的“思”和“斁”，只不过是对封建政治的一种被动的反应，扬雄并没有，也不可能为人民指出一条实现理想政治的道路。但是，我们不可否认，扬雄用人民的思和厌来评判政治的好坏，充满着对人民的关切，这是儒家民本主义传统的发扬，较之先秦儒家也有其进步之处。孟子曾经讲过：“得天下有道：得其民，斯得天下矣；得其民有道：得其心，斯得民矣；得其心有道：所欲与之聚之，所恶勿施尔也。”（《孟子·离娄上》）扬雄继承了孟子关注人民需求的思想，但他不是从“得民之道”——这一统治策略的角度来谈问题，而是直接以人民的感受为出发点和落脚点，以人民的感受作为判断政治好坏的依据。基于此，扬雄强调为政者要了解民情，所谓“立政鼓众，动化天下，莫尚于中和。中和之发，在于哲民情”（《法言·序》）。了解民情是实现中和之政的起点。

了解民情是为了更好地满足民众的需求。在封建时代，和温饱密切相关的物质财富是广大民众最基本的需求，故而人君的重要使命就是满足人民物质财富的需求。首先使百姓富足，然后进于礼义，这是自孔子以来儒家的传统认识，孟子继承孔子“庶之、富之、教之”的思想，进一步提出“制民恒产”的主张：

> 民之为道也，有恒产者有恒心，无恒产者无恒心。苟无恒心，放辟邪侈，无不为已。及陷乎罪，然后从而刑之，是罔民也。焉有仁人在位，罔民而可为也？是故贤君必恭俭礼下，取于民有制。（《孟子·滕文公上》）

又：

> 是故明君制民之产，必使仰足以事父母，俯足以畜妻子，乐岁终身饱，凶年免于死亡。然后驱而之善，故民之从之也轻。……五亩之宅，树之以桑，五十者可以衣帛矣；鸡豚狗彘之畜，无失其时，七十者可以食肉矣；百亩之田，勿夺其时，八口之家可以无饥矣；谨庠序之教，申之以孝悌之义，颁白者不负戴于道路矣。老者衣帛食肉，黎民不饥不寒，然而不王者，未之有也。（《孟子·梁惠王上》）

总之，只有首先满足民众的基本生活需要，才能够进一步对民众实施教化，进而实现王道理想。扬雄把这一儒家传统思想概括为："君人者，务在殷民阜财，明道信义，致帝者之用，成天地之化，使粒食之民粲也，晏也。"（《法言·孝至》）殷民阜财，使百姓富足殷实。粒食之民，以粮食为食的人民，与食鸟兽之民和食介鳞之民相对，指中原地区的人民。粲，笑貌；晏，安定。"粲也，晏也"，即安居乐业。

不仅如此，扬雄还结合汉代时政，指出统治者不应与民争利：

> 或曰："弘羊榷利而国用足，盍榷诸？"曰："譬诸父子，为其父而榷其子，纵利，如子何？卜式之云，不亦匡乎！"（《法言·寡见》）

榷，指汉代的盐铁专卖制度。卜式，汉武帝时任御史大夫，早年以牧羊致富，他任职期间反对盐铁专营政策，曾请烹杀桑弘羊。据《史记·平准书》记载，桑弘羊专利之时，一年天旱，武帝命官员求雨，卜式说道："县官当食租衣税而已，今弘羊令吏坐市列肆，贩物求利。亨（烹）弘羊，天乃雨。"扬雄把政府官员和民众的关系比喻为父子关系，父亲从儿子身上获利，儿子又该怎么办呢？扬雄认为卜式的话正是对这种与民争利做法的纠正。匡，匡正，纠正。政府不能与民争利，更不能对民众肆意盘剥。为保护广大自耕农的基本利益，扬雄强调什一之税是最合理的赋税制度："什一，天下之中正也。多则桀，寡则貉。"（《法言·先知》）桀，指暴君夏桀；貉，泛指北方少数民族。孟子曾经有过这样的说法："夫貉，五谷不生，惟黍生之。无城郭、宫室、宗庙、祭祀之礼，无诸侯币帛饔飧，无百官有司，故二十取一而足也。今居中国，去人伦，无君子，如之何其可也？陶以寡，且不可以为国，况无君子乎？欲轻之于尧舜之道者，大貉小貉也；欲重之于尧舜之道者，大桀小桀也。"（《孟子·告子下》）扬雄在这里沿袭了孟子的观点。什一之税之所以是最好的税制，是因为征收赋税的目的是满足官府的日常开支。北方夷狄之国没有城郭宫室、宗庙祭祀之礼，没有彼此的往来聘问，官吏设置也很少，所以税制低于十分之一就可以满足需要。华夏之邦既有宫室城郭、宗庙祭祀，又有诸侯间的往来，还有百官的设置，所需费用当然要高于少数民族地区，但十分之一的税制就足以满足开支，如果征取高于这个税率的赋税，就无异于横征暴敛了。

三　反对苛法酷吏

扬雄"审其思敎"的德治思想，是针对西汉中期以来的种种现实问题有感而发的。首先，西汉末年统治阶级上层穷奢极欲，生活奢靡。他们大兴土木，游玩射猎，横征暴敛，夺民土地，使得民不聊生，社会动荡不安。扬雄重申儒家的德治思想，意在告诫统治阶层不要掠夺人民，只有走富民、裕民之路，才能维系江山社稷的长治久安。其次，扬雄提醒统治者施政时要考虑人民的感受，还有一个重要的社会历史背景，那就是汉武帝以来律令的繁杂和酷吏当道给人民造成的苦难。

西汉初期，统治集团吸取秦亡的教训，推行较为宽松的统治政策。他们曾一度减轻刑罚，宽松治民，但这一局面没有维持多久。据《汉书·刑法志》记载：

及至孝武即位，外事四夷之功，内盛耳目之好，征发烦数，百姓贫耗，穷民犯法，酷吏击断，奸轨不胜。于是招进张汤、赵禹之属，条定法令，作见知故纵、监临部主之法，缓深故之罪，急纵出之诛。其后奸猾巧法，转相比况，禁罔浸密。律、令凡三百五十九章，大辟四百九条，千八百八十二事，死罪决事比万三千四百七十二事。文书盈于几阁，典者不能遍睹。是以郡国承用者驳，或罪同而论异。奸吏因缘为市，所欲活则傅生议，所欲陷则予死比，议者咸冤伤之。

于此可见，当时律令之繁杂。后来的统治者对这一现象有所反省，曾有意加以改革，如元帝即位之初曾下诏曰："夫法令者，所以抑暴扶弱，欲其难犯而易避也。今律、令烦多而不约，自典文者不能分明，而欲罗元元之不逮，斯岂刑中之意哉！其议律、令可蠲除轻减者，条奏，惟在便安万姓而已。"但元帝的意图没有能得到认真的贯彻和执行，大臣们"徒钩摭微细，毛举数事，以塞诏而已"（《汉书·刑法志》）。成帝河平年间，又曾下诏："《甫刑》云：'五刑之属三千，大辟之罚其属二百。'今大辟之刑千有余条，律、令烦多，百有余万言，奇请它比，日以益滋，自明习者不知所由，欲以晓喻众庶，不亦难乎！于以罗元元之民，夭绝亡辜，岂不哀哉！其与中二千石、二千石、博士及明习律、令者议减死刑及可蠲除约省者，令较然易知。"（《汉书·刑法志》）可见，律令烦冗，民不堪其苦是西汉中后期的一大社会痼疾。这就是为什么有人主张"人君不可不学律令"（《法言·先知》）的原因之所在。

苛刑重法的蔓延，是法家思想仍然居于国家政治指导思想地位的反映。自汉武帝采纳董仲舒的建议以来，儒学得以走入殿堂，但儒学并没有获得真正的独尊地位。汉武帝以后的西汉政权，仍然奉行“霸王道杂之”的政治指导思想，朝廷所重用的官吏，多是奉行法家理论的文法吏。西汉中期的宣帝以崇尚法治而著称于史，《汉书·元帝本纪》记载，喜好儒术的元帝为太子时“见宣帝所用多文法吏，以刑名绳下”，于是进言道：“陛下持刑太深，宜用儒生。”宣帝回答：“汉家自有制度，本以霸王道杂之，奈何纯任德教、用周政乎？”同样是在宣帝之时，朝臣上疏批评时政称：“秦有十失，其一尚存，治狱之吏是也。”（《汉书·路温舒传》）哀帝时，鲍宣在上书中描述当时时政：

> 请寄为奸，群小日进。国家空虚，用度不足。民流亡，去城郭，盗贼并起，吏为残贼，岁增于前。凡民有七亡：阴阳不和，水旱为灾，一亡也；县官重责，更赋租税，二亡也；贪吏并公，受取不已，三亡也；豪强大姓，蚕食亡厌，四亡也；苛吏徭役，失农桑时，五亡也；部落鼓鸣，男女遮列，六亡也；盗贼劫略，取民财物，七亡也。七亡尚可，又有七死：酷吏殴杀，一死也；治狱深刻，二死也；冤陷亡辜，三死也；盗贼横发，四死也；怨雠相残，五死也；岁恶饥饿，六死也；时气疾疫，七死也。民有七亡而无一得，欲望国安，诚难；民有七死而无一生，欲望刑措，诚难。此非公卿、守、相贪残成化之所致邪？

鲍宣在这里所列举的人民所受之苦，吏治残暴占了很大部分，“七亡”中有二亡是“贪吏”“苛吏”所为，“七死”中前三死都是酷吏所致。“盗贼并起，吏为残贼”一句，将残暴的官吏和盗贼相提并论，可见当时酷吏为害百姓之甚。

苛刑重法，酷吏当权，广大民众身受其苦，“死人之血流漓于市，被刑之徒比肩而立，大辟之计岁以万数”（《汉书·路温舒传》）。这显然与儒家的仁爱原则和民本主义立场背道而驰，扬雄旗帜鲜明地反对陷民于水火之中的酷吏政治和法家理论。虽然扬雄是一个自觉地游身于政治斗争之外的人，但我们还是从《汉书》中看到了他和李寻联手谏阻朱博为相的记载[①]。这个朱博，就是一个酷吏型的人物[②]。在《法言》中，扬雄称酷吏为有尖嘴的猛禽和生了翅膀的老虎[③]，以喻其残害百姓的凶猛。他还指出，人民有三种忧苦：

> 曰：“民有三勤。”曰：“何哉所谓三勤?”曰：“政善而吏恶，一勤也；吏善而政恶，二勤也；政、吏骈恶，三勤也。禽兽食人之食，土木衣人之帛，谷人不足于昼，丝人不足于夜之谓恶政。”（《法言·先知》）

---

① 《汉书·五行志》中之下：“哀帝建平二年四月乙亥朔，御史大夫朱博为丞相，少府赵玄为御史大夫，临延登受策，有大声如钟鸣，殿中郎吏陛者皆闻焉。上以问黄门侍郎扬雄、李寻，寻对曰：‘《洪范》所谓鼓妖者也。师法以为人君不聪，为众所惑，空名得进，则有声无形，不知所从生。其传曰岁月日之中，则正卿受之。今以四月日加辰巳有异，是为中焉。正卿谓执政大臣也。宜退丞相、御史，以应天变。然虽不退，不出期年，其人自蒙其咎。’扬雄亦以为鼓妖，听失之象也。朱博为人强毅多权谋，宜将不宜相，恐有凶恶亟疾之怒。八月，博、玄坐为奸谋，博自杀，玄减死论。”

② 《汉书·薛宣朱博传》：“（朱）博本武吏，不更文法。”他是靠苛察和诡谲升至高位的，而且对儒生报轻视态度。同传：“博尤不爱诸生，所至郡辄罢去议曹，曰：‘岂可复置谋曹邪！’文学儒吏时有奏记称说云云，博见谓曰：‘如太守汉吏，奉三尺律令以从事耳，亡奈生所言圣人道何也！且持此道归，尧、舜君出，为陈说之。’”

③ 《法言·渊骞》：“酷吏。”曰：“虎哉！虎哉！角而翼者也。”

勤，通“瘽”，病痛，这里引申为忧苦。国家政策的好坏和执行政策官吏的善恶，直接关系到人民的切身利益，二者之中只要有一点出了问题，就可以造成人民的疾苦。法家思想用事与酷吏当道叠加，人民的处境可想而知。

对法家思想，扬雄在《法言》中给以严厉的谴责，他说：

> 申、韩之术，不仁之至矣，若何牛羊之用人也？若牛羊用人，则狐狸、蝼蚓不膢腊也与？（《法言·问道》）

蝼，蝼蛄；蚓，同“蚓”，蚯蚓。膢，古代祭祀，《说文》：“膢，楚俗以二月祭饮食也。”腊，亦祭名，《说文》谓：“腊，冬至后三戌腊祭百神。”逢膢、腊祭神之时，人们可以饱食酒肉。这段是说，以法家理论治国，就等于是像屠杀牛羊一样对待民众，如果那样，狐狸、蝼蛄、蚯蚓等食肉或食腐的动物，就可以饱食人肉，像人们在祭祀之后分享酒肉一样了。

值得注意的是，扬雄在反对法家思想和酷吏政治的同时，并没有完全否定法家治国理论中的合理因素，他肯定正常政令法度的必要性，主张对法家的某些主张加以吸收，以补充儒家的政治学说[①]。

这里有一个问题需要辨析一下，那就是如何理解《法言》中多次出现的“法”。有学者认为，扬雄所讲的法，不同于先秦法家之法，而是指圣人之法[②]。这一理解和李轨、汪荣宝等人传统

① 参见郑万耕《扬雄及其太玄》，台北：蓝灯文化事业股份有限公司，1992年版，第270页。

② 参见黄开国《一位玄静的儒学伦理大师——扬雄思想初探》，巴蜀书社，1989年版，第167页。

的解释一致。《法言》中确有类似的表述，如："法者，谓唐、虞、成周之法也。"（《法言·问道》）但问题是，按照这样的理解，很容易得出扬雄对法家理论全盘否定的结论。这样我们就很难理解《法言·先知》篇中的这几条材料：1."鼓舞万物者，雷风乎！鼓舞万民者，号令乎！雷不一，风不再。"这条材料，只能从政策的权威性来解释。扬雄要表达的意思是执法就要严格，这样才能有效地动员人民。2."先甲一日易，后甲一日难。"这条材料是说政策要有前瞻性①。以上两条材料完全是从治国理政的角度讲的，具有法家意味。3."或苦乱。曰：'纲纪。'曰：'恶在于纲纪?'曰：'大作纲，小作纪。如纲不纲，纪不纪，虽有罗网，恶得一目而正诸?'"所谓纲纪，就是建立合理的治国法规体系，也可以理解为建立分工合理、协调有序的政治体制，扬雄认为这是纠正为政纷乱的有效手段。4."君子为国，张其纲纪，谨其教化。……如有犯法，则司狱在。"从这条材料看，扬雄还是承认法律手段和道德教化一样具有存在的合理性。综合起来考虑，笔者认为《法言》中的"法"是在多重意义上使用的，既有圣人之法的"法"，也有法家法律、法规的"法"，这说明扬雄并不排斥正常法律、法规存在的必要性和合理性。"为国不迪其法，而望其效，譬诸算乎?"（《法言·先知》）说的就是在这个意义上使用的"法"。这段话的意思是，治理国家如果没有法度，

---

① 汪荣宝对此条所做疏云："《易·蛊》孔疏引郑注云：'甲者，造作新令之日。'按：古者国家发布政令，四时各有定日，当春发政，必以甲乙。春者，岁始。甲日之政为一岁之政之首。言甲足以统其它发政之日，故云'甲者，造作新令之日'也。政令当慎思于未发之前，不得辄改于已发之后。'先甲一日易'者，先时图惟，则其成功也易。'后甲一日难'者，事后补救，则其致力也难。"参见汪荣宝《法言义疏》，中华书局，1987年版。第285页。

就像计算没有算筹一样。扬雄反对的不是国家治理所不可或缺的法律、法规，而是严刑苛法以及律令的泛滥。

德刑相比，儒家重德轻刑，这是孔子以来的传统。《论语·为政》讲："道之以政，齐之以刑，民免而无耻；道之以德，齐之以礼，有耻且格。"扬雄坚持德优于刑的儒家原则，但他所处的时代不同于孔子之时，封建秩序已经建立起来，如何统治一个国家，管理好国家，是他必须面对的问题。以往的思想资源中，只有法家有比较完善的法制思想，而且具有可操作性，这就决定了扬雄要建立新的外王理论体系，必然要从法家思想中吸取有用的材料，来完善儒家的思想体系。

扬雄的政治理想，是建立一种体现圣人之道的"中和之政"。他说："圣人之道，譬犹日之中矣。不及则未，过则昃。"（《法言·先知》）圣人之道，就像太阳在天的正中，光照四方。以圣人之道为原则的政治，是最好的；偏离圣人之道的政治，就像太阳没在正午时一样，不能充分发挥其光明。扬雄还用制陶和《易》的乾卦为喻，说明圣人之道是治理天下的中和之道。"甄陶天下者，其在和乎？刚则甈，柔则坏。"（《法言·先知》）甄陶，烧土为器，比喻以一定的政体对人实施管理、教化；甈，破裂；坏，烧而未成。泥坯太干易于燥裂，太湿则容易变形，干和湿都不利于陶器成型。又："龙之潜亢，不获其中矣。是以过中则惕，不及中则跃，其近于中乎！"（《法言·先知》）这是以乾卦卦辞设喻，潜与亢都不是龙舒展得意的状态，只有"得中"才是最理想的状态。扬雄的这种不过不及的"中和之政"理想，指的是德与法的恰当结合。事实上，扬雄在谴责法家思想的同时，又吸取其合理因素，构建其政治理论。这表明他受到了汉代儒法合流思潮的影响，也反映出儒家政治理论发展的轨迹与趋向。

第二节 “终之以礼乐”的教化论和“衣裳其顺”的等级观

植根于宗法传统的儒家思想，在强调为政以德的同时，始终坚持维护等级制的原则。在儒家看来，清明政治局面的营造，首先依赖统治者道德的精进，而全社会道德水准的不断提高要依赖于教化的推行，全体成员都各安其位、各守其分，才能维系一个社会的和谐与完美。扬雄继承了儒家政治思想的基本精神，重申和论证了这些主张。

一 扬雄的教化思想

扬雄继承了孔子以来的儒家传统，认为人君治国，应该在使民安居乐业的基础上，对民众进行道德教化。与重德轻法的德治思想相应，扬雄坚决反对对民众不教而诛，先杀后教的做法。

> 或曰：“为政先杀后教。”曰：“于乎！天先秋而后春乎？将先春而后秋乎？”（《法言·先知》）

《风俗通》云：“《易》称天先春而后秋，地先生而后凋，日月先明而后幽，圣人则之，故先教而后刑。”在古人的观念中，自然的秩序昭示着政治的原则。春天生发万物，是德化之象；秋天肃杀万物，为刑罚之象。天先春而后秋，治理国家就要先教化而后施刑罚。扬雄还以自然界中动物习性为例来说明治国应以教化为上：

吾见玄驹之步，雉之晨雊也，化其可以已矣哉！（《法言·先知》）

玄驹，即蚂蚁。蚂蚁每年阳气生发之时出巢活动，古人曾将蚂蚁出巢作为物候，《夏小正》：“十有二月，玄驹贲。”贲，行走。雉，野鸡。雊，雉鸡鸣叫。《说文》云：“雊，雄雉鸣也。雷始动，雉乃鸣而句其颈。”《夏小正》亦谓：“正月，雉震雊。”蚂蚁和雉鸡感每年阳气而动，它们感春光之化，难道我们还不应该从中领悟教化的伟大作用吗？

所谓教化，包括两方面的内容。教，就是施教者对受教者施加影响，这种影响既包括施教者自身的示范，也包括为受教者营造有利其身心发展的环境氛围。扬雄的教化观建立在其人性论基础之上，他认为人性先天并无差异，但后天的向善还是向恶，除了取决于个人的修为，外部环境的影响也很重要。正因为如此，统治者施政时需要把握一个原则，那就是为民众趋善避恶提供一个良好的环境，他指出：

民可使觌德，不可使觌刑，觌德则纯，觌刑则乱。（《法言·先知》）

觌，见；纯，淳朴敦厚。经常接触美行德政和经常看到实施刑罚，对民众性情养成的影响是截然相反的，所以：

君子为国，张其纲纪，谨其教化。导之以仁，则下不相贼；莅之以廉，则下不相盗；临之以正，则下不相诈；修之

以礼义，则下多德让。(《法言·先知》)

有德的君子治理国家，以仁义引导人民，人民就不会互相残害；以廉洁施政，下属就不会出现贪污盗窃之事；以正道当政，在下者就不会互相欺诈；以礼义教导民众，民间就会盛行谦让之风。概而言之，就是要对民众实施教化。至于教化的内容，扬雄重点强调了礼乐。

儒家一贯倡导以礼乐教化天下，所谓“揖让而治天下者，礼乐之谓也”(《礼记·乐记》)，视礼乐为实现理想政治的重要路径。扬雄对礼乐非常推崇。他认为礼乐对于人，像堤防对于河流一样，可以使人免于祸乱；像模型对于器皿一样，使人避恶趋善。所谓“川有防，器有范，见礼教之至也”(《法言·五百》)。是否拥有礼乐，是区别人和禽兽、文明和野蛮的标志：

或问：“八荒之礼[①]，礼也，乐也，孰是?”曰：“殷之以中国。”或曰：“孰为中国?”曰：“五政之所加，七赋之所养，中于天地者，为中国。过此而往者，人也哉。”(《法言·问道》)

八荒，泛指海外。八荒之礼乐与中国礼乐不同，扬雄认为应当以中国的礼乐制度对其加以订正、规范。殷，正。所谓“中国”，指依照古礼，奉行五政、七赋的地区，是一个与儒家礼乐传统相关联的文化概念。又：

---

① 此“礼”字，汪荣宝疑为衍文。原文当作“八荒之礼也，乐也，孰是?”参见汪荣宝《法言义疏》，中华书局，1987年版，第119页。

圣人之治天下也，碍诸以礼乐。无则禽，异则貉。（《法言·问道》）

扬雄认为，治理天下，必须依靠礼义等伦常原则，而礼乐是治理国家的基本制度，是古代圣王为后世制定的治世法则。“允治天下，不待礼文与五教，则吾以黄帝、尧、舜为疣赘”（《法言·问道》）。黄帝、尧、舜，这些古代圣王之所以受后人的怀念敬仰，是因为他们为世人开创了礼乐文明。在扬雄看来，礼乐是儒学的特质所在，他所捍卫的儒学正统，其标志就是礼乐。他反对诸子之学的一个最重要的理由就是诸子“小礼乐”（《法言·问道》）。对于道家学说，扬雄明确表示“及搥提仁义，绝灭礼学，吾无取焉耳”；“至周（庄周）罔君臣之义，衍无知于天地之间，虽邻不觌也”（《法言·问道》）。对于墨家，他说“墨、晏俭而废礼”（《法言·五百》）。《盐铁论·论诽》有云：“晏子有言，儒者华于言而寡于实，繁于乐而舒于民，久丧以害生，厚葬以伤业，礼烦而难行，道迂而难遵，称往古而言訾当世，贱所见而贵所闻。”晏子与墨子一样，反对儒家礼乐观，主张非乐、非命、短丧、薄葬。扬雄指责墨、晏俭而废礼，并在这一意义上对他们的学说给以否定。对于否定礼乐价值的思想，扬雄是不能容忍的：

或曰：“太上无法而治，法非所以为治也。”曰：“鸿荒之世，圣人恶之，是以法始乎伏牺，而成乎尧。匪伏匪尧，礼义哨哨，圣人不取也。”（《法言·问道》）

此处之“法”，当为圣人之法，其核心是礼乐。道家崇尚无法而治，扬雄认为那是鸿荒之世蒙昧的表现，而圣人之法——礼义的出现，是社会文明进步的表现。

为了理解扬雄的礼乐教化思想，我们有必要对中国古代的礼乐传统和儒家的礼乐观进行简要的回顾。礼乐文化在中国有着悠久的传统。礼，最初是指敬神祈福或祭祀祖先的仪式。《说文》谓：“礼，履也，所以事神致福也。”因为中国早期人类社会具有浓厚的宗法色彩，所以这些巫术礼仪也同时具有政治仪式的性质。周公制定周礼，对原始礼仪加以系统和规范，后世又进一步对之加以扩展，礼逐步演变为一系列典章制度、礼节仪式以及一整套的行为规范，成为维系周代政治的上层建筑。乐的本义仅指一般意义上的音乐。但如果我们历史地加以考察，在中国早期艺术传统中占据主导地位的“乐”，都附属于“天下一统”“圣王之治”之类的庆典礼聘等政治活动。虽然三代社会生活中也有所谓的“俗乐”，但其意义和价值是不被主流观念所认同的。真正具有合法性的“雅乐”，全都与王事活动密切相关。不论是“乐”的制作还是使用，当时都被赋予非常庄重乃至神圣的色彩，如：“天下有道，则礼乐征伐自天子出；天下无道，则礼乐征伐自诸侯出”（《论语·季氏》）；“天子用八，诸侯用六，大夫四，士二”（《左传·隐公五年》）；“以乐德教国子，中、和、祗、庸、孝、友。以乐语教国子，兴、道、讽、诵、言、语。以乐舞教国子，舞云门、大卷、大咸、大韶、大夏、大濩、大武。以六律、六同、五声、八音、六舞，大合乐以致鬼神示，以和邦国，以谐万民，以安宾客，以说远人，以作动物”（《周礼·春官》）。正因为礼乐与治道的这种关联，宰我才会有所谓“君子三年不为礼，礼必坏；三年不为乐，乐必崩”（《论语·阳货》）的顾虑[①]。

孔子生活的时代，是一个旧秩序已经被打破，新秩序尚未建立的动乱之秋。通过对历史和现实的反思，孔子把社会的动荡归因于礼崩乐坏，为世人开出了恢复周礼的救世之策。孔子视夏、商、周三代为理想社会，认为周礼是由夏、殷之礼发展而来，是最为完善的。为此，他发出感叹：“周监于二代，郁郁乎文哉！吾从周。”（《论语·八佾》）“如有用我者，吾其为东周乎！”（《论语·阳货》）号召人们“克己复礼”（《论语·颜渊》），通过恢复周代的礼乐制度来实现社会的安定。孔子的这一主张影响了中国两千多年的封建政治，不管历代统治者是否真心以周礼治国，他们都在作“损益”周礼的文章。

身在两汉之际的扬雄，对孔子推崇周礼的思想由衷地赞成和拥护。孔子曾经讲过：“殷因于夏礼，所损益，可知也；周因于殷礼，所损益，可知也。其或继周者，虽百世，可知也。”（《论语·为政》）有人对此提出疑问：

> 或问：“其有继周者，虽百世可知也。秦已继周矣，不待夏礼而治者，其不验乎？”曰：“圣人之言，天也。天妄乎？继周者未欲太平也，如欲太平也，舍之而用它道，亦无由至矣。”（《法言·五百》）

扬雄认为提问者显然机械地理解了圣人的言论。他针锋相对地指出，如果要想达到理想的太平政治，就要推行圣人之道，即以礼

① 此处参考韩德民《荀子的乐论与性恶论》一文的有关内容，原文发表于《浙江社会科学》2001年第5期。

乐治国。秦因为弃礼乐、尚刑罚导致了二世而亡，这恰恰树立了一个反面教材。正是出于这一认识，他对王莽制礼作乐等改制举措，表示了由衷的赞许：

> 汉兴二百一十载而中天，其庶矣乎！辟廱以本之，校学以教之，礼乐以容之，舆服以表之，复其井、刑，勉人役，唐矣夫！（《法言·孝至》）

辟廱，与“辟雍”通，为古代天子在中央所设大学；校、学，是设立于地方的学校；容，装饰；舆服，车马与服饰。建立从中央到地方的各级学校以推行教化，定立标志尊卑等级的舆服制度，大兴礼乐粉饰太平，和后面提到的“复井刑”“勉（免）人役”，都是王莽复古改制的一些政策措施。据《汉书·平帝纪》记载，元始三年（3）夏，王莽“奏车服制度，吏民养生、送终、嫁娶、奴婢、田宅、器械之品，立官稷及学官”；元始四年（4），又“奏立明堂、辟雍”。扬雄称这些做法为了不起的伟大举措，是有汉以来治道的顶峰。唐，大的意思。历史上有些学者认为扬雄的这段话并非出自对王莽的真心拥护，如吴祕云：“子云……是睹民思汉德，莽为不道，必有中兴之义，且明德之不可已也如是。”[①] 也有不少人，抓住这段话对扬雄横加指责，进而否定其名节。其实就当时扬雄所处的历史氛围而言，他对王莽的歌颂是完全可以理解的。正如李申先生曾指出的那样，扬雄“不是名利之徒，他对王莽的拥护不违背儒学的原则。……扬雄，是一个真

---

① 参见汪荣宝《法言义疏》，中华书局，1987 年版，第 562 页。

正的儒者”①。

二　扬雄的礼乐观和等级思想

称扬雄为真正的儒者，可以从《法言》一书中大量对圣人之道的极力维护中找到证据。在对很多问题的认识上，扬雄也确实表现出了向孔子回归的意图。但正如徐复观先生所指出的，扬雄所理解的孔子“多少使人感到空廓而缺乏生命实感”，不能准确地把握孔子的伟大之处②。就礼乐观而言，孔子的伟大不是表现在他对周礼和雅乐的认同与推崇上，在孔子看来，礼乐不过是王道政治的外在的形式，礼乐形式背后的精神实质仁，才是他真正要强调的核心。所谓“礼云礼云！玉帛云乎哉！乐云乐云！钟鼓云乎哉！”（《论语·阳货》）礼和乐都是内在仁的自然流露，所以“人而不仁，如礼何？人而不仁，如乐何”（《论语·八佾》）。孔子在齐闻《韶》而“三月不知肉味”，显然不仅仅是陶醉在音律之美中，他是从《韶》乐的平和优雅之中达到了对仁的体悟，这正是“不图为乐之至于斯也”（《论语·述而》）的意蕴所在。虽然孔子也承认礼乐在人成就道德过程中的意义，有过“兴于诗，立于礼，成于乐”（《论语·泰伯》）的说法，但对礼乐的教化功能给以系统阐发和论述的当数战国后期的荀子。扬雄对礼乐的理解更多的是受荀子思想的影响。

在先秦儒家学者中，荀子对礼乐的重视最为突出。他认为：

① 李申：《中国儒教史》上卷，上海人民出版社，1999年版，第381页。

② 参见徐复观《两汉思想史》第二卷，华东师范大学出版社，2001年版，第312页。

“在天者莫明于日月，在地者莫明于水火，在物者莫明于珠玉，在人者莫明于礼义”（《荀子·天论》）；“夫乐者，乐也，人情之所必不免也”（《荀子·乐论》）。礼乐在孔子那里和王道政治相关联；而在荀子的理论体系中，礼乐是直接建立在人的心性之上：“且乐也者，和之不可变者也；礼也者，理之不可易者也。……礼乐之统，管乎人心矣。”（《荀子·礼论》）众所周知，荀子以其性恶论在先秦儒学史上独树一帜，性伪之分是他整个政治理论的基石。他说：“性者，本始材朴也；伪者，文理隆盛也。无性则伪之无所加，无伪则性不能自美。”（《荀子·礼论》）礼乐之所以重要，是因为制礼作乐是圣人化性起伪的手段。荀子论述礼乐的起源说道：

> 礼起于何也？曰：人生而有欲，欲而不得，则不能无求，求而无度量分界，则不能不争。争则乱，乱则穷。先王恶其乱也，故制礼义以分之，以养人之欲，给人之求。使欲必不穷乎物，物必不屈于欲，两者相持而长，是礼之所起也。（《荀子·礼论》）
>
> 乐者，圣王之所乐也，而可以善民心，其感人深，其移风易俗。故先王导之以礼乐，而民和睦。夫民有好恶之情，而无喜怒之应则乱，先王恶其乱也，故修其行，正其乐，而天下顺焉。（《荀子·乐论》）

礼乐是先王因民情而作，“乐合同，礼别异”（《荀子·礼论》），各自发挥着教化的功能，所谓“乐行而志清，礼修而行成，耳目聪明，血气和平，移风易俗，天下皆宁，美善相乐”（《荀子·礼论》）。

荀子的礼乐观承认人的物质欲求，对后世儒家政治思想产生了深远的影响，这在两汉时期表现得尤为明显。重视礼乐建设，是汉代政治思想的显要特征之一，《汉书·礼乐志》所云“六经之道同归，而礼乐之用为急”，非常具有代表性地说明了这一点。我们翻阅成书于这一时期的《礼记》《史记》《汉书》等典籍，其中关于礼乐部分的内容，无一例外地带有《荀子》礼乐观的痕迹。如《史记·礼书》云：

> 礼之貌诚深矣，坚白同异之察，入焉而弱。其貌诚大矣，擅作典制褊陋之说，入焉而望。其貌诚高矣，暴慢恣睢，轻俗以为高之属，入焉而坠。故绳诚陈，则不可欺以曲直；衡诚县，则不可欺以轻重；规矩诚错，则不可欺以方员；君子审礼，则不可欺以诈伪。

《史记·乐书》中说：

> 乐者为同，礼者为异。同则相亲，异则相敬。乐胜则流，礼胜则离。合情饰貌者，礼乐之事也。礼义立，则贵贱等矣；乐文同，则上下和矣；好恶著，则贤不肖别矣；刑禁暴，爵举贤，则政均矣。仁以爱之，义以正之，如此则民治行矣。
>
> 乐者，圣人之所乐也，而可以善民心。其感人深，其风移俗易，故先王着其教焉。
>
> 致乐，以治心者也；致礼，以治躬者也。

《汉书·礼乐志》有曰：

人性有男女之情，妒忌之别，为制婚姻之礼；有交接长幼之序，为制乡饮之礼；有哀死思远之情，为制丧祭之礼；有尊尊敬上之心，为制朝觐之礼。哀有哭踊之节，乐有歌舞之容，正人足以副其诚，邪人足以防其失。故婚姻之礼废，则夫妇之道苦，而淫辟之罪多；乡饮之礼废，则长幼之序乱，而争斗之狱蕃；丧祭之礼废，则骨肉之恩薄，而背死忘先者众；朝聘之礼废，则君臣之位失，而侵陵之渐起。故孔子曰："安上治民，莫善于礼；移风易俗，莫善于乐。"

礼节民心，乐和民声，政以行之，刑以防之。礼、乐、政、刑四达而不悖，则王道备矣。

乐以治内而为同，礼以修外而为异；同则和亲，异则畏敬；和亲则无怨，畏敬则不争。揖让而天下治者，礼、乐之谓也。二者并行，合为一体。

《礼记·乐记》中也有：

是故先王慎所以感之者，故礼以道其志，乐以和其声，政以一其行，刑以防其奸。礼、乐、刑、政，其极一也，所以同民心而出治道也。

礼节民心，乐和民声，政以行之，刑以防之。礼乐刑政，四达而不悖，则王道备矣。乐者为同，礼者为异。同则相亲，异则相敬，乐胜则流，礼胜则离。合情饰貌者，礼乐之事也。礼义立则贵贱等矣，乐文同则上下和矣。

乐者，天地之和也；礼者，天地之序也。和故百物皆化，序故群物皆别。

把这些材料和《荀子》中的相关内容加以对照，可以发现，其中不少内容源于《荀子》，有些是在某一点上对荀子思想的展开和细化。总之，没有脱离荀子礼乐观的基调，视礼乐为治国原则和教化的手段。在汉武帝尊儒之后的两汉历史中，不管统治者是否真的信奉儒学，他们都在施政过程中高举礼乐的大旗。即使是宣帝，这位以公开宣称“汉家自有制度，本以霸王道杂之”（《汉书·元帝纪》）的皇帝，也曾于五凤二年（前56）八月诏令天下：“夫婚姻之礼，人伦之大者也；酒食之会，所以行礼乐也。今郡国二千石或擅为苛禁，禁民嫁娶不得具酒食相贺召。由是废乡党之礼，令民亡所乐，非所以导民也。”（《汉书·宣帝纪》）俨然一副礼乐捍卫者的面孔。

和当时对礼乐浓重渲染的著述相比，《法言》对礼乐的论述并不是很多，但这并不说明扬雄不重视礼乐。《法言》以简奥著称，扬雄自然不会在书中大量重复人们都很熟悉的内容。从《法言》中关于礼乐的论述看，扬雄对礼乐的几个关键性问题都做了探讨，其中不乏有价值的见解。

首先，扬雄将推行礼乐教化和安邦定国相提并论：

> 或问“近世社稷之臣”。曰：“若张子房之智，陈平之无悟，绛侯勃之果，霍将军之勇，终之以礼乐，则可谓社稷之臣矣。”或问：“公孙弘、董仲舒孰迩？”曰：“仲舒欲为而不可得者也，弘容而已矣。”（《法言·渊骞》）

社稷之臣，指那些能够安邦定国的大臣。在扬雄的心目中，仅仅有功于政权建立和巩固的官员，是不能获此称号的。辅弼刘邦建立汉政权，有“运筹帷幄之中，决胜千里之外”之智的张良；联手诛灭诸吕，恢复汉家江山，有聪明无误之称的陈平和以果断著称的周勃；还有鼎力辅佐幼主，剿平叛逆，以英勇力保汉家社稷的霍光。这些在汉代历史上鼎鼎大名的有功之臣，在扬雄眼里还都算不上是社稷之臣，因为他们在礼乐教化方面没有建树。以经术治世有重大影响的董仲舒和公孙弘，也不能称之为社稷之臣。在扬雄看来，董氏弘扬儒术的大方向是对的，但他的理论过多地炫耀阴阳灾异，走了一条错误的道路，没能使儒学礼乐教化的功能发挥出来；至于公孙弘，只不过是一个阿谀逢迎，靠取悦于上而获取利禄之辈，根本无补于社稷。叔孙通在汉初历史上为汉高祖制朝仪而闻名，被众弟子尊称为圣人。但在扬雄看来，叔孙通兴礼乐并不是为了教化民众，而是为了取悦皇帝，为自己谋取利益，是一个奸诈的“槊人”（《渊骞》）。

其次，扬雄强调对民众实施教化的同时，承认并重视受教化者的自主性。他反对道家的政治学说，认为涂民耳目的愚民政策不符合人性：

> 或问：“太古涂民耳目，惟其见也闻也。见则难蔽，闻则难塞。”曰：“天之肇降生民，使其目见耳闻，是以视之礼，听之乐。如视不礼，听不乐，虽有民，焉得而涂诸?”（《法言·问道》）

涂，通“杜”，堵塞，闭塞。受教者认识能力等主体因素，是实施礼乐教化的前提和基础，如果施教时不考虑受教育者的主体因素，也不会有理想的教化效果，这就如同再大的风声也不会对“聋聩”者产生影响一样，所谓“吾不见震风之能动聋聩也”（《法言·问明》）。所以，扬雄认为人君应该“谨其教化”——以仁、廉、正和礼义对民众加以引导（《法言·先知》），而不是简单的灌输。这有别于董仲舒所主张的“夫上之化下，下之从上，犹泥之在钧，唯甄者之所为；犹金之在熔，为冶者之所铸”（《汉书·董仲舒传》）。正是出于对受教者自主性的重视，扬雄还把他崇尚令名的内圣思想，引入外王理论当中，《法言·先知》篇中说：

> “为政日新。”或人：“敢问日新。”曰：“使之利其仁，乐其义，厉之以名，引之以美，使之陶陶然之谓日新。”

为政日新，就是治理国家每天都有所进步，怎样才能做到这一点呢？扬雄的答案是：要使天下百姓们因其仁而得到利益，因其义而快乐。要收到这样的效果，需要政府的管理者用名誉表彰的办法来勉励百姓，引导百姓。厉，即“励”，勉励；引，引导，诱导。百姓们在政府的表彰和社会舆论的赞美之下，会自觉地按礼仪规范去做，并且“陶陶然”从中获得快乐，社会面貌自然会每天都向美好的方向发展，这就是儒家向往的“为政日新”。

再次，受神道设教思想影响，扬雄强调礼仪过程中诚敬的必要性。

> 或问：“犂牛之鞹与玄骍之鞹有以异乎？”曰：“同。”“然则何以不犂也？”曰：“将致孝乎鬼神，不敢以犂也。如刲羊刺豕，罢宾犒师，恶在犂不犂也！”（《法言·修身》）

犂，杂色牛；玄，黑色；骍，赤色马；玄骍指用做牺牲的纯黑色或纯赤色的牛；鞹，即“革”，去了毛的皮；刲、刺，割，这里指宰杀；豕，猪。按照礼制进行祭祀不同于一般的慰问宾客或犒劳军队，虽然杂色牛和纯色牛的皮革没有区别，但为表明对鬼神的诚敬，还是要用纯色的牛做牺牲。

复次，扬雄肯定礼仪外在形式的意义。《仪礼》是汉代一本重要的儒学典籍。有人认为《仪礼》中记载的礼节仪式过于繁多，有浮华之嫌："《礼》多仪。或曰：'日昃不食肉，肉必干；日昃不饮酒，酒必酸。宾主百拜而酒三行，不已华乎？'"扬雄认为，礼的形式和实际内容同样重要，二者缺一不可，有内容没有形式失之粗野，有形式没有内容则失之虚伪（《法言·修身》）。

最后，扬雄很关注音乐在教化过程中的作用。他有非常丰富的音乐知识，曾著有《琴清音》一书，可惜此书已佚，我们今天仅能见到《全汉文》中辑录的几条内容。从这些辑录的内容来看，都属于和音乐有关的历史故事与传说。我们虽然不能由此判断扬雄音乐思想的全貌，但他对音乐知识的关注是可以肯定的。据华有根的考证，扬雄还曾经见过完整的古乐舞《六乐》[①]，如果此说属实，则扬雄在汉代学者中，当属音乐知识较为丰富者。在《法言》中，扬雄就一些音乐问题发表了见解：

> 周康之时，颂声作乎下，《关雎》作乎上，习治也。齐桓之时缊，而《春秋》美邵陵，习乱也。故习治则伤始乱也，习乱则好始治也。（《法言·孝至》）

---

① 华有根的根据是《新民晚报》1992年10月3日第9版的一篇报道：《失传二千多年，如今再现人间——曲阜重响〈云门大卷〉》，内称：祭祀黄帝的古乐舞《云门大卷》，失传于公元前20年，时为汉成帝鸿嘉元年。当时，扬雄已为郎官，给事黄门。华有根推断，扬雄见过完整的《六乐》。参见华有根《西汉礼学新论》，上海社会科学出版社，1998年版，第238—239页。

或问“苍蝇红、紫”。曰：“明视。”问“郑、卫之似”，曰：“聪听。”或曰：“朱、旷不世，如之何?”曰：“亦精之而已矣。”（《法言·吾子》）

或问：“交五声、十二律也，或雅，或郑，何也?”曰：“中正则雅，多哇则郑。”请问“本”。曰：“黄钟以生之，中正以平之，确乎，郑、卫不能入也!”（《法言·吾子》）

从这几条材料看，扬雄认为雅乐有益于美好社会风气的形成，而郑卫之声不利于治道，提醒人们要提高鉴别能力，防止淫俗音乐的不良影响。

和其他儒家学者一样，扬雄所推崇的礼乐，其本质仍然是尊卑有序的封建等级制，这是儒家一贯的认识。荀子对此表述得最为明确，他说：“人道莫不有辨，辨莫大于分，分莫大于礼。”（《荀子·非相》）指出礼是人道的主要内容，而“分”体现礼的意义与价值。这种以“分”为前提的礼，必然表现为等级秩序：“礼者，贵贱有等；长幼有差，贫富轻重皆有称者也。”（《荀子·富国》）这种认识在汉代成为人们的共识，所谓：“天地位，日月明，四时序，阴阳和，风雨节，群品滋茂，万物宰制，君臣朝廷尊卑贵贱有序，咸谓之礼。”[①] 扬雄对礼乐政治的理解，就是建立在这种等级观念之上的，这一认识贯穿扬雄的主要著作——《太玄》和《法言》。

《法言·问道》有云：“或曰：‘《玄》何为?’曰：‘为仁义。’”可见《太玄》的创作目的在于解说儒家伦理。《太玄》八十一首、七百二十九赞，以玄为本体，以阴阳五行为骨干，以一

① 《史记·礼书》张守节《正义》语。

分为三为规则，以九为度数，以罔、直、蒙、酋、冥为过程，构建了一个总括时间与空间，包容天、地、人的世界图式。以后人的眼光来看，这一世界图式的结构固然有不少牵强之处，但我们对其点评之时，应该理解扬雄的一番苦心，他是在为人类社会的森严等级寻求形而上的依据。故而，《太玄》八十一首中专有“礼首”，其中说：“上下正体，无与有礼。”《玄摛》中有：“夫天地设故贵贱序，四时行故父子继，律历陈故君臣理。”《玄图》中也说：“夫玄也者，天道也，地道也，人道也，兼三道而天名之，君臣父子夫妇之道。”又说：“昼夜相承，夫妇系也；终始相生，父子继也；日月离合，君臣义也；孟季有序，长幼际也；两两相阖，朋友会也。”《太玄·玄挩》中的一段话最具代表性：“挩，拟之经，垂褙为衣，襞幅为裳，衣裳之制，以示天下。”在古汉语中，衣专指上衣，裳专指下衣。扬雄借用服装衣在上、裳在下的现象，比喻社会尊卑等级不可颠倒。所以，“尊尊为君，卑卑为臣，君臣之制，上下以际”（《玄挩》）。

《法言》中，扬雄重申了同样的原则：“衣而不裳，未知其可也；裳而不衣，未知其可也。衣裳其顺矣乎！”（《法言·问神》）尊者在上，卑者在下，二者缺一不可，并且不可颠倒，之所以如此的原因非常简单。如果破坏了社会等级制，老百姓和王侯享受一样的待遇，社会不可能维系它的运转。这就是所谓“法无限，则庶人田侯田，处侯宅，食侯食，服侯服，人亦多不足矣”（《法言·先知》）。扬雄还进一步指出，等级制的合理性不仅存在于政治操作意义上，从历史的反思中也可以找到依据：

或问：“秦伯列为侯卫，卒吞天下，而赧曾无以制乎？”曰：“天子制公、侯、伯、子、男也，庸节。节莫差于僭，僭莫重于祭，祭莫重于地，地莫重于天，则襄、文、宣、灵其兆也。昔者襄公始僭，西畤以祭白帝；文、宣、灵宗，兴鄜、密、上、下，用事四帝，而天王不匡，反致文、武胙。是以四疆之内各以其力来侵，攘肌及骨，而赧独何以制秦乎?”（《法言·重黎》）

先秦时期诸侯破坏礼法的僭越行为，是引发政局混乱的根源。秦国原先仅仅是周的一个藩卫属国，最终却灭亡周室。对这段历史的反思是汉代思想界的一大热门话题，扬雄从礼制的角度总结了周亡的教训。他认为，天子统驭天下最有效的手段就是依靠礼制。庸，通“用”。节，即礼。庸节即用礼。对礼制最大的破坏就是僭越，最严重的僭越表现在祭祀的越制，其中又以对祭祀之地，尤其是祭天之地的僭越为甚。秦国侵蚀周室就是从越礼祭祀开始的。周王没有对此加以重视，反而赏赐秦王只有同姓诸侯王才能受赐的宗庙胙肉，这等于纵容和鼓励秦的僭越行为。所以，不难得出结论，对礼制的破坏是周政权最终灭亡的重要原因。

基于对等级制的维护意识，扬雄对司马迁多处“颇谬于经”的史笔加以匡正：

或问：“信陵、平原、孟尝、春申益乎?”曰：“上失其政，奸臣窃国命，何其益乎!”（《法言·渊骞》）

《史记》中颇具神采的战国四君子，在扬雄看来都是窃国命的奸臣。又：

或问“陈胜、吴广”。曰：“乱。”曰：“不若是则秦不

亡。”曰：“亡秦乎？恐秦未亡而先亡矣。”（《法言·重黎》）

大泽乡揭竿而起的陈胜在《史记》中位列《世家》，足见太史公对其首倡灭秦之功的肯定。但在扬雄看来，陈胜、吴广起义对等级制破坏所造成的负面影响，远远大于其正面意义。

第三节　“在夷貉则引之”的夷夏观

秦汉时期，是中国多民族国家形成的一个重要时期。史无前例地开疆拓土，使民族问题成为这一时期国家政治生活中的一项重要内容。如何看待民族问题，也是这一时期思想家们所要考虑的重要问题之一。要做当代圣人的扬雄自然也不例外，他继承并发展了先秦以来儒家主和反战的基本原则，又吸取公羊学夷夏之辨思想的精华，提出了具有时代特色的民族思想。

一　扬雄的夷夏观

扬雄是一个信奉明哲保身观念的人，与现实政治保持着一定距离的人，晋人范望称其为“朝隐”。除了早年的干政辞赋和晚年不得不为的《元后诔》，扬雄直接参与朝政的记录只有两件事，其中之一就是上《谏不许单于朝书》①。据《汉书·匈奴传》记载，汉哀帝建平四年（前3），匈奴单于上书请求朝拜，哀帝担心匈奴来朝会带来灾祸，拒绝了匈奴使臣的请求。当时任黄门侍

① 另一件是《汉书·五行志》所载，建平二年（前5）和李寻共同谏朱博不得为相之事。

郎的扬雄上《谏不许单于朝书》，力陈拒绝单于来朝将给汉匈关系带来的隐患，劝说哀帝召还匈奴使者，更换诏书，同意单于来朝。扬雄在这件事上为民族团结所作出的贡献经常为后人所称道，我们也能由此看到扬雄对民族问题的重视。

在扬雄的著作和文章中，有很多涉及民族关系的内容。如《法言・序》中说："孝莫大于宁亲，宁亲莫大于宁神，宁神莫大于四表之欢心。"人最大的孝莫过于使亲人安宁，而使亲人安宁最好的办法莫过于使祖先神灵安宁，而国君使祖先神灵安宁的办法，没有比使周边少数民族高高兴兴地来献享更好的了。在这段文字中，扬雄把孝——这一汉代最受重视的道德观念作为民族政策的理论依据，指出国君的一项重要工作就是感化边远地区的少数民族人民，使他们慕风归顺。他还进一步把几种民族政策加以对比：

> 芒芒圣德，远人咸慕，上也；武义璜璜，兵征四方，次也；宗夷猾夏，蠢迪王人，屈国丧师，无次也。（《法言・孝至》）

用"圣德"使远方的人民归服是最好的策略；兴师动众，武力征服，是不得已而为之的次一等办法；与少数民族作战而劳民伤财、损兵折将，甚至危及汉族中央政权，是差得不能再差的下下策。扬雄的理想是"遐方疏俗殊邻绝党之域，自上仁所不化，茂德所不绥，莫不跻足抗首，请献厥珍。使海内澹然，永亡边城之灾、金革之患"（《汉书・扬雄传》）。希望那些过去没有得到文明教化的边远地区献享归顺，免除边疆地区的战乱之苦。《法言》里还提到："朱崖之绝，捐之之力也。否则介鳞易我衣裳。"（《法言·孝至》)“朱崖”是汉武帝时所设的郡名，位置在今海南岛。因为当地居民屡次反叛，元帝时听从贾捐之的建议废弃了这一地方建制[①]。“捐之”即贾捐之，汉初名臣贾谊的曾孙。扬雄对贾捐之放弃朱崖郡的建议大加赞赏，因为如果不放弃这一地区，就要去镇压当地的反叛，双方必都有人员伤亡，这就等于用那些食贝鱼为生的人换取中原地区衣冠之民的生命。扬雄认为这是不划算的。他还曾经说过：

> 龙堆以西，大漠以北，鸟夷、兽夷，郡劳王师，汉家不为也。(《法言·孝至》)

“龙堆以西，大漠以北”，指西北部的广大沙漠地区；“鸟夷、兽夷”指古代生活在我国东北部地区，以捕猎鸟兽为生的民族。“龙堆以西，大漠以北，鸟夷、兽夷”，在这里是指当时活动在北部地区的匈奴。匈奴素以剽悍凶蛮而著称。对这样难以感化的民族，扬雄也不主张动武，这就是所谓“郡劳王师，汉家不为也”。对于汉政府用厚赐的办法换取匈奴来朝称臣，扬雄表示由衷赞赏：

> 或曰：“讻讻北夷，被我纯缋，带我金犀，珍膳宁餬，不亦享乎?”曰：“昔在高、文、武，实为兵主，今稽首来臣，称为北蕃，是为宗庙之神，社稷之灵也，可不享?”(《法言·孝至》)

---

① 事见《汉书·贾捐之传》。

汉平帝时，王莽用厚赂的办法，诱使少数民族地方政权献白雉、献地以表拥戴。对此，扬雄大加赞誉，认为是三代以来没有过的局面："汉德其可谓允怀矣。黄支之南，大夏之西，东鞮、北女，来贡其珍。汉德其可谓允怀矣，世鲜焉。"（《法言·孝至》）由此可见，反对战争、拥护团结，是扬雄对待民族关系问题的基本立场，但他的民族思想并不仅限于此，扬雄民族思想的特质集中反映在他"在夷貉则引之"的夷夏观。

西汉中后期，今文经学灾异思想和谶纬迷信泛滥。扬雄"窃自比于孟子"（《法言·吾子》），以当代儒学正统自居，对种种迷信学说和异端思想给以尖锐的批评。批判异端的言论，在《法言》中有很多。《法言·修身》篇中，有一条材料很耐人寻味。在谈到如何对待鼓吹异端思想的人时，扬雄说：

> 或问："人有倚孔子之墙，弦郑、卫之声，诵韩、庄之书，则引诸门乎？"曰："在夷貉则引之，倚门墙则麾之，惜乎衣未成而转为裳也。"

从这条材料看，扬雄视道家和法家思想为异端的立场还是一贯的坚定，但针对不同对象，则是区别对待的。"倚孔子之墙，弦郑、卫之声，诵韩、庄之书"是指那些身在礼仪之邦的人不欣赏雅乐，信奉异端学说。夷，指东方的少数民族；貉，指北方的少数民族；夷貉，泛指来自少数民族地区，没有接触过礼义教化的人，扬雄主张把他们引导进"圣门"；倚门墙，指那些生活在中原地区的人，他们明明知道圣贤的主张，却鼓吹异端邪说，扬雄主张把他们赶走。因为这样的人舍本逐末，把这样的人引入"圣门"，无异于"衣未成而转为裳"，上衣还没有做成就转做下衣了。在对“异端者”的区别对待中，我们可以看出扬雄对待少数民族人民的态度，即用先进的儒家文化教化少数民族地区的人民，引导他们进入讲究“礼义”的文明社会。这一思想，才是扬雄民族思想的特质所在。

二　从《方言》的创作看扬雄的夷夏观

仅凭《法言》中“在夷貉则引之”这一条材料，断定扬雄有向少数民族地区推广儒家文化的思想，似乎证据不是很充分。如果考察一下扬雄的著述结构，再分析一下他的生平经历，我们可以发现支持这一论断的足够证据。

扬雄的主要著作有《太玄》《法言》和《方言》[①]，还有收录于《汉书·扬雄传》和散见于各种历史文献中的赋文、箴和书信等。其中《方言》一书长期以来是语言学和考据学界关注的对象，至今还没有受到民族史界和思想史界足够的重视。

《方言》全称《辎轩使者绝代语释别国方言》，是中国语言学史，乃至世界语言学史上一部里程碑式的著作，是世界上第一部方言比较词汇集。此书是扬雄花费时间和精力最多的一部著作。在收录于《全汉文》的《答刘歆书》中，扬雄叙述了自己写作《方言》的情况：“天下上计孝廉及内郡卫卒会者，雄常把三寸弱

---

① 历史上曾有人怀疑《方言》为扬雄所作，主要根据是此书不为《汉书·艺文志》所录。郑万耕先生对此问题有过详细考证，确认《方言》为扬雄所作无疑。参见郑万耕《扬雄及其太玄》，台北：蓝灯文化事业股份有限公司，1992年版，第21—23页。在此补充一点，《汉书·艺文志》系班固根据刘氏父子所作《七略》写成，《七略》未收录扬雄的《方言》，很可能是因为刘歆向扬雄讨要书稿被拒，心存芥蒂所致。

翰，赍油素四尺，以问其异语，归即以铅摘次之椠，二十七岁于今矣。而语言或交错相反，反复论思，详悉集之，燕其疑。”从这段材料我们可以了解到，扬雄是采取和现代语言工作者做野外调查相类似的方法，用了不少于二十七年的时间，付出了很多艰辛而著成此书的。刘歆曾想向扬雄讨要《方言》的书稿，意在用作训诂考订古籍的参考①。扬雄断然回绝了刘歆的请求，甚至不惜以死相抗：“即君必欲胁之以威，陵之以武……则缢死以从命也。”（《答刘歆书》）言辞中表现的态度，近乎丧失理智。如果仅仅是因为写作付出的心血，扬雄是不会表现如此态度的。可能的解释是，此书将会发生的社会作用寄予了扬雄的某种理想，而刘歆对书稿的借用却与此大相径庭。也是在《答刘歆书》中，扬雄提到了撰写《方言》的目的：“不劳戎马高车，令人君坐帷幕之中，知绝遐异俗之语，典流于昆嗣，言列于汉籍。诚雄心之所绝极，至精之所想遘也。扶圣朝远照之明，使君求此，如君之意，诚雄散之之会，死之日，则今之荣也。”由此可知，扬雄之所以为写作《方言》付出那么多艰辛，视《方言》为自己一生的荣耀，是因为此书能帮助君王与远方的少数民族人民进行顺畅的交流，使中原的文化典籍能够在边远地区世代流传，少数民族地区人民的言论、事迹能够在汉朝的文献里得到记录。

我们知道，民族间的差异表现在很多方面，语言不同是其中重要的一项。《礼记·王制》有云：“五方之民，语言不通，嗜欲不同。达其志，通其欲，东方曰寄，南方曰象，西方曰狄鞮，北方曰译。”不同民族间“达其志，通其欲”的交流，首先要经过“寄”“象”“狄鞮”和“译”等语言翻译的环节，中原汉族地区

① 详见《与扬雄书从取方言》，《全汉文》卷四十。

的文化要想在少数民族地区得以传播，也必须经过语言关。扬雄对“绝遐异俗之语”的关注，意在促进民族间的文化交流，后世学人评价《方言》一书，也多是看重其在文化传播与交流中的作用。郭璞在《方言注》的序中，称《方言》“考九服之逸言，标六代之绝语”，是“洽见之奇书，不刊之硕记”。认为此书能使人们“可不出户庭而坐照四表，不劳畴咨而物来能名”；“类离词之指韵，明乖途而同致；辨章风谣而区分，曲通万殊而不杂”。现代学者林语堂根据《方言》所提供的材料，利用现代方言地理学的方法，把汉代方言区划分为十四系。这十四个方言区中，“燕代北鄙朝鲜洌水”等方言区都包括少数民族地区。林语堂先生还指出，从扬雄搜集的方言材料看，“东齐海岱之间淮泗方言区”中杂入了“夷语”；“南楚方言区”中“杂入蛮语”；“西秦方言区”中有羌语成分；“秦晋北鄙区”也有“狄语”杂入其间①。根据林先生的这一研究发现，我们可以推断，扬雄写作《方言》时对少数民族的语言给予了足够的关注，而他这样做，是考虑到向这些“文化欠发达地区”传播中原地区先进文化的需要。

扬雄为什么会对文化欠发达地区的文化发展那么关注呢？这要从他的生平来分析。据《汉书·扬雄传》记载，扬雄是蜀郡成都人，壮年以后才来到京师。他的家乡蜀郡，在西汉初年还是一个“辟陋有蛮夷风”的未开化地区。但是，蜀郡后来以“好文雅”著称，涌现出司马相如、严君平、扬雄等一大批学者和文雅之士，以至于出现了“汉征八士，蜀有四焉”，“虽鲁之咏洙泗，齐之礼稷下，未足尚矣”（《华阳国志·蜀志》）的文化大繁荣局

① 参见林语堂《前汉方音区域考》，《语言学论丛》，上海开明书店，1933年版，第33—44页。

面。蜀郡地区文化面貌的这一转变，相当意义上得益于景帝时期郡守文翁的教化政策。据《汉书·循吏传》记载：

景帝末，（文翁）为蜀郡守，仁爱好教化。见蜀地辟陋有蛮夷风，文翁欲诱进之，乃选郡县小吏开敏有材者张叔等十余人亲自饬厉，遣诣京师，受业博士，或学律令。减省少府用度，买刀布蜀物，赍计吏以遗博士。数岁，蜀生皆成就还归，文翁以为右职，用次察举，官有至郡守刺史者。

又修起学官于成都市中，招下县子弟以为学官弟子，为除更徭，高者以补郡县吏，次为孝弟力田。常选学官僮子，使在便坐受事。每出行县，益从学官诸生明经饬行者与俱，使传教令，出入闺阁。县邑吏民见而荣之，数年，争欲为学官弟子，富人至出钱以求之。由是大化，蜀地学于京师者比齐鲁焉。至武帝时，乃令天下郡国皆立学校官，自文翁为之始云。

文翁终于蜀，吏民为立祠堂，岁时祭祀不绝。至今巴蜀好文雅，文翁之化也。

早在汉武帝独尊儒术、广立学校之前，文翁就在蜀地推行教育和官吏选拔相结合政策，为蜀地造就了一大批有学识的人才。《汉书·地理志下》也有一段材料可以说明这一点：

巴、蜀、广汉本南夷，秦并以为郡，土地肥美，有江水沃野，山林竹木疏食果实之饶。南贾滇、僰僮，西近邛、莋马旄牛。民食稻鱼，亡凶年忧，俗不愁苦，而轻易淫泆，柔弱褊厄。景、武间，文翁为蜀守，教民读书法令，未能笃信道德，反以好文刺讥，贵慕权势。及司马相如游宦京师诸侯，以文辞显于世。乡党慕循其迹。后有王褒、严遵，扬雄之徒，文章冠天下。繇文翁倡其教，相如为之师，故孔子曰："有教亡类。"

扬雄以善于写作赋文而受到汉成帝的关注，进而步入仕途。他出身于一个普通的自耕农家庭，"有田一廛，有宅一区，世世以农桑为业"，家境并不宽裕，"家产不过十金，乏无儋石之储"（《汉书·扬雄传》）。他能够受到早期教育，从某种意义上讲是受益于"文翁化蜀"所形成的进学传统。扬雄进京入仕以后，总是念念不忘自己的老师——"蜀人"严君平，称其"不作苟见，不治苟得；久幽而不改其操，虽随、和何以加诸？举兹以旃，不亦珍乎"（《法言·问神》）；他还特别突出地推崇自己的同乡——李仲元，称许其为人之楷模[①]；《蜀都赋》和《蜀王本纪》中更是透露出扬雄对家乡的热爱之情。由这些，我们不难看出他是一个有浓厚乡情观念的人。据扬雄自己讲，他创作《方言》最初是受了两位"同乡"的影响："常闻先代𬨎轩之使，奏籍之书，皆藏于周秦之室……蜀人有严君平，临邛林闾翁孺者，深好训诂，犹见𬨎轩所奏。"[②] 可见，他是在严君平和林闾翁孺对古代方言典籍的初步整理基础上进行创作的。由此我们也不难看出，还有很多人受益于"教化"，并关心边远地区文化进步事业。

扬雄"拟经"著述，目的是"要在混乱的时代中，建中立

① 参见《法言·渊骞》

② 严可均辑：《全汉文》，商务印书馆，1999年版，第534页。

极”[①]。他“草玄”于前，撰《法言》于后，《方言》一书的写作则贯穿了扬雄著述过程的始终。《方言》和扬雄其他著作的关系，与《尔雅》和其他经典的配套使用非常类似，《尔雅》是学子们读经的词典[②]，而《方言》则是传播思想的工具书。扬雄在批判异端邪说，阐发儒学真谛的同时，已经考虑到了把自己所理解的儒学真谛加以广泛传播，而《方言》的写作就是出于向边远地区传播儒学思想的需要。

三　扬雄的夷夏观与儒家华夷之辨

扬雄“在夷貉则引之”的夷夏观，是儒家“华夷之辨”思想在新的历史条件下的继承和发展。所谓“华夷之辨”，是春秋公羊学的一个重要思想，即不是以种族，而是以“礼义”文化作为区分民族优劣的标准。韩愈在《原道》中把这一思想概括为：“孔子之作《春秋》也，诸侯用夷礼，则夷之；进于中国，则中国之。”“华夷之辨”中的中国不是一个地域概念或政治概念，而是一个文化概念，是文明进步的代名词[③]。《论语·子罕》篇中的一段话，也反映了这一思想：

① 徐复观：《两汉思想史》（第二卷），华东师范大学出版社，2001 年版，第 309 页。

② 《尔雅》的意义，正如《经典释文序录》所说：“所以训释五经，辨章同异，实九流之通路，百氏之指南。”

③ 庞朴在为中国和平出版社出版的“中国文化与文化中国丛书”撰写的《总序》中说：“文化中国，这是春秋时代我国政治家、思想家的一个伟大理想。当时他们所谓的‘中国’既不是一个地理概念，又不是一个政治概念，也不是一个种族概念，而是一个文化的概念，即与野蛮相反的‘文明’；有所谓中国而失礼义则夷狄之，夷狄而能礼义则中国之的说法。”

子欲居九夷。或曰："陋，如之何？"子曰："君子居之，何陋之有！"

对孔子的这一思想，扬雄完全接受：

或问："八荒之礼，礼也，乐也，孰是？"曰："殷之以中国。"或曰："孰为中国？"曰："五政之所加，七赋之所养，中于天地者，为中国。过此而往者，人也哉？"（《法言·问道》）

他还非常明确地说："圣人之治天下也，碍诸以礼乐。无则禽，异则貉。"（《法言·问道》）在扬雄看来，是否符合"礼乐"，不仅是一个民族优劣问题，而且是区别人和动物的标准。这种观点显然符合儒家的一贯立场。扬雄对儒学前辈的发展表现在，他对缺乏"礼乐"文明的"夷貉"表现出了宽容的态度，没有将他们"麾之"，而是要"引之"，这是扬雄夷夏观的时代性和进步性所在。

"华夷之辨"涉及民族优劣评价标准，而民族优劣评价标准这一理论问题服务于民族交往实践。在不同的历史时期，民族间的综合实力对比，有时大致均等，有时强弱分明。在先秦时期，"华夏"民族相对于中原以外的"蛮夷"，并无绝对优势可言。在当时的历史条件下，一个民族能否在竞争中取得优势，除了最终取决于经济的实力之外，是否"剽悍""善战"等生活习俗和传统，也在一定程度上起着非常重要的作用。在先秦文献中，经常可以见到"蛮夷"对中原政权构成威胁的记载，"蛮夷"民族也可以称霸一时，甚至入主中原。《公羊传》僖公四年有"南夷与北狄交，中国不绝如线”的说法，反映出有着礼义文明传统的华夏民族在当时所面临的危机。在这样的历史背景下，如果只考虑本民族的政治和经济利益，必然在理论上强调本民族的优越性，最终导致种族主义，选择战争的方式来处理民族关系。以孔子为代表的儒家，在民族问题上不把自己局限于一己之私。虽然孔子也曾发出过“夷狄之有君，不如诸夏之亡也”（《论语·八佾》）的感叹，但孔子所关注的并非地域和种族上的“华夏”存亡，“子欲居九夷。或曰：‘陋，如之何?’子曰：‘君子居之，何陋之有!’”（《论语·子罕》）在孔子的心目中，“陋”之与否取决于是否具有道德礼义，与居住的地域没有关系。儒家的愿望是各地区、各民族人民在道德文明上不断取得进步，从而实现自己的社会理想，这就是所谓“齐一变至于鲁，鲁一变至于道”（《论语·雍也》）。对于缺乏礼仪传统的“远方之人”，儒家认为应该“修文德以来之，既来之，则安之”（《论语·季氏》），在礼义文明的基础上实现各民族的统一。这种民族观“不可能引发战争和杀戮，因为战争和杀戮本身就是非道德的行为”①。儒家民族观的伟大之处，就表现在这里。

秦汉时期，统一国家的建立为“华夏”经济文化的发展创造了优越条件，中原地区得到迅猛的发展。但是相当长的历史时期里，北方匈奴等民族政权仍然是中央政权的心头之患。当时对待这些民族政权的策略有二：一是用伐戮的方法，征服甚至消灭周边少数民族政权，但这样难免劳民伤财；此外还有一种可以称得上是和平策略的权宜之计，那就是汉初的和亲政策，但这一政策的实施无疑是中央政权的屈辱。战争也好，和亲也好，都有其明

① 蒋庆：《公羊学引论》，辽宁教育出版社，1995年版，第231页。

显的弊端。宋人叶适对此曾有精辟的分析：

> 秦汉以来待夷狄者，不和亲则征伐，何也？其所能尽于此矣！和亲则主辱名卑而民得安；征伐有功则主荣名尊而民伤，无功则主与民俱伤。（《水心别集》卷四《外论二》）

随着中原经济的不断发展，“华夏”民族与周边民族之间的势力均衡局面被打破了，过去名义上的“蛮夷”真正成了“欠发达地区”。在新的历史条件下，如何对待周边民族也存在着两种不同的态度。其一仍然是战争，《盐铁论·本议》中文学批评当时的民族政策时就曾说：“古者，贵以德而贱用兵。……今废道德而任兵革，兴师而伐之，屯戍而备之，暴兵露师，以支久长，转输粮食无已，使边境之士饥寒于外，百姓劳苦于内。”由此可见，汉朝政府始终没有放弃对少数民族政权的武力政策。武力之外还有一种怀柔政策，就是向“欠发达”的少数民族地区传播先进的生产方式和文化知识，帮助当地人民发展经济文化。在秦汉历史上，儒家学者和接受儒家思想的政治家们，坚持信守先秦以来的儒家思想传统，反对势利之徒的主战言论，主张对周边民族地区人民进行“怀柔”和“教化”。扬雄“在夷貉则引之”的表述，是这一时期儒家民族思想和实践的总结、概括。

两汉时期，除“文翁化蜀”之外，还有很多官吏在少数民族地区传播中原文化。《后汉书·循吏传》记载：东汉建武年间，任延为九真太守。“九真俗以射猎为业，不知牛耕。民常告籴交趾，每致困乏。延乃令铸作田器，教之垦辟。田畴岁岁开广，百姓充给。又骆越之民无嫁娶礼法，各因淫好，无识对匹，不识父子之姓、夫妇之道。延乃移书属县，各使男年二十五至五十，女年十五至四十，皆以年齿相配。……其产子者，始知种姓。”汉平帝时，“汉中锡光为交趾太守，教导民夷，渐以礼义，化声侔于延。……岭南华风，始于二守焉”。这两条材料，记录了任延和锡光为岭南少数民族地区发展所做的贡献。两汉时期，少数民族地区主动接受中原文化的事例也有很多。如《汉书·匈奴传下》记载：“匈奴谓孝曰‘若鞮’。自呼韩邪后，与汉亲密，见汉谥帝为‘孝’，慕之，故皆为‘若鞮’。”又《后汉书·西域传下》记载：汉宣帝时，龟兹王绛宾“乐汉衣服制度……制宫室，作檄道周卫，出入传呼，撞钟鼓，如汉家仪”。中原地区先进文化的传播，无疑起到了促进少数民族地区文化进步的作用。

秦汉以后，随着汉族在多民族国家中主体地位的不断巩固，向文化欠发达的少数民族地区传播中原礼乐文化，成为儒家的一个传统。我们仅在这里举两个典型的事例。其一，唐代的柳宗元曾被贬官至柳州，柳州在当时是文化欠发达的荒远之地。柳宗元认识到当地少数民族“唐虞之仁不能柔，秦汉之勇不能威”，“傲化而偭仁”的特点，认为“执经书，引仁义”，“进用文事”，才是“教夷之宜”[1]。他到达柳州后，重修孔庙，恢复祭祀，设立学官，推行儒教，为当地士子创造良好的学习氛围。柳宗元的这些措施，促进了当地文化事业的发展：“南方为进士者，走数千里随宗元游。经指授者，为文辞者皆有法，著述之盛，名动于时。”（《新唐书·柳宗元传》）其二，一代儒宗王阳明也有一段“传道化俗”的经历。他于正德元年（1506）被贬谪至贵州龙场。在贵州期间，王阳明不仅利用书院对诸生进行启蒙教育，还以教唱“歌诗”的方式传播礼教，“化导”和“训诲”当地少数民族

① 《柳宗元集》，中华书局，1979年版，第125页。

士民，“诱之歌诗以发其志意，导之习礼以肃其威仪”。由于王阳明是浙江人，他教唱的歌诗带有乡音，所以，贵州士民唱的“歌诗”听起来“蔼蔼如越音”[①]。以柳宗元、王阳明为代表的儒者们，把汉族地区的文化传播于边远少数民族地区，无疑能促进文化发展，提高当地人民文明程度。

还要附带说明一点，儒家向少数民族地区传播礼乐文化的做法，是文化自信的体现，与当代文化帝国主义有着本质的区别。文化帝国主义策略，旨在以文化渗透的手段，达到经济侵略的目的，是服务于霸权主义政策的；儒家传播礼乐文化，目的是促进少数民族地区经济文化的发展，使少数民族与汉族共同发展，共同进步。扬雄“在夷貉则引之”所代表的儒家民族思想传统，对我们处理当代民族乃至国际事务，仍有借鉴意义。

---

① 《王阳明全集》卷11《年谱附录一》。

结　语

通过解读《法言》，我们对扬雄做了一番“同情”的“了解”。从史籍文献反映出的人生经历看，扬雄玄默外表的深处，激荡着昂扬上进的雄心；透过艰深晦涩的文句，我们能感觉到他立言成圣的冲动。总之，扬子不是一个满足于“朝隐”的“智者”，而是一位自觉捍卫儒学正统、以接续圣人之道为己任的鸿儒。

诚如台湾学者蓝秀隆所言：“雄之《法言》，意在提要钩元，扶翼儒术。”在以黄老为代表的诸子之学盛行，谶纬迷信泛滥的历史背景下，“雄独发雅训，藩卫圣教，实有摧廓陷清之功，要亦有足称述者”[①]。《法言》是扬雄针对“诸子各以其知舛驰”，儒学遭受冲击以及太史公“不与圣人同是非，颇谬于经”（《汉书·扬雄传》）的史笔而作，其用意直承孔子的《春秋》笔法，也是孟子“距杨墨”和荀子“非十二子”的汉代再现。他“拟经”的做法为隋代王通“续经”之先导，而其“尊孟”思想则无疑是唐代《孟子》“升经”的先声。我们看一下韩愈所说的“因

① 蓝秀隆：《杨子法言研究》，文津出版社，1989年版，第123页。

雄书而孟氏益尊”（《韩昌黎文集·读荀》），再对照一下韩愈在《重答张籍书》中所称“已之道，乃夫子、孟轲、扬雄所传之道也”。这些点连在一起，使我们很自然地想起一个非常熟悉的词——道统。

翻检唐宋时期儒者的文集，我们可以看到很多盛赞扬雄卫道之功，将其纳其入道统谱系的说法。例如：柳开曾明确说过：

> 吾之道，孔子、孟轲、扬雄、韩愈之道。（《河东集·应责》）

石介说：

> 孔子殁，杨、墨作，道大坏也，……荀况存之；汉祚微，王莽篡，道大坏也，扬雄存之。（《徂徕石先生文集·救说》）
>
> 道始于伏羲而成终于孔子。……伏羲氏、神农氏、黄帝氏、少昊氏、颛顼氏、高辛氏、唐尧氏、虞舜氏、禹、汤氏、文、武、周公、孔子者，十有四圣人，孔子为圣人之至。孟轲氏、荀况氏、扬雄氏、王通氏、韩愈氏五贤人，吏部为贤人而卓。（《徂徕石先生文集·尊韩》）

孙复亦云：

> 吾之所谓道者，尧、舜、禹、汤、文、武、周公、孔子之道也，孟轲、荀卿、扬雄、韩愈之道也。（《孙明复先生小集·信道堂记》）

孔子而下，称大儒者，曰孟轲、荀卿、扬雄……（汉唐诸儒）始终仁义，不叛不杂者，惟董仲舒、扬雄、王通、韩愈。（《宋元学案·泰山学案·睢阳子集补》）

曾巩也慨然道出：

仲尼既没，析辩诡词，骊驾塞路，观圣人之道者，宜莫如孟、荀、扬、韩四君子之书也。（《曾巩集·上欧阳学士第一书》）

司马光无疑是推崇扬雄最为突出者，他说："战国以降，百家蜂舞，先王之道，荒塞不通。独荀卿、扬雄排攘众流，张大正术，使后世学者坦知去从。"（《司马光文集·乞印行〈荀子〉、扬子〈法言〉状》）在《读玄》一文中，温公对扬雄的颂扬更是达到了无与伦比的程度："孔子既没，知圣人之道者，非子云而谁？孟与荀殆不足拟，况其余乎？"（《传家集》卷六十七）在这几位大儒看来，扬雄俨然是传续儒道的圣贤，是道统中重要的一环。

谈起道统，人们总是习惯于想到韩愈的首倡。但台湾学者蔡仁厚认为："'道统'这个名词虽属后起，但中国文化有一个一线相承之道，则是历史的事实。"① 这一判断是非常中肯的。如果单从观念、范畴的意义上来考察，则"道统"晚出，是韩愈针对佛教法统说而提出的，而首先明确使用这一概念者为朱熹，宋明以降，道统问题才成为儒学发展史中的一个热点和亮点。如果从文化现象的角度看，儒学自创立伊始，在其漫长的发展历程中，

① 蔡仁厚：《孔孟荀哲学》，台北：台湾学生书局，1984年版，第46页。

虽历经损益因革，但作为一个薪火相传的学派，儒家始终保持着一以贯之的、以仁爱精神为根基的伦理价值体系。笔者理解，这一价值体系便是“道统”之“道”的核心所在①，如此看来，“道统”应是与儒家学派同生共存的。

作为一种观念和文化现象，儒家道统思想具有三个明显的特征。首先，是价值观上的认同意识。从孔子“祖述尧舜，宪章文武”（《礼记·中庸》）开始，儒家就自觉地认同于“文、武之道”。子贡有所谓：“文武之道，未坠于地，在人。贤者识其大者，不贤者识其小者，莫不有文、武之道焉。”（《论语·子张》）孟子也说：“仲尼之徒，无道桓、文之事者。”（《孟子·梁惠王上》）正是基于这种认同意识，《论语》在最后一篇中为读者记述了尧对舜、舜对禹的禅位告诫②；孟子的“五百年必有王者兴，其间必有名世者”（《孟子·公孙丑下》），也是由尧舜至汤、汤至文王、文王至孔子的历史间隔推导而出。这种认同意识，被韩愈明确表述为“尧以是传之舜，舜以是传之禹，禹以是传之汤，汤以是传之文武周公，文武周公传之孔子，孔子传之孟轲”（《原

---

① 余敦康先生曾讲：“儒家作为一个学派区别于其他学派的基本特征，不在于哲学理论和政治主张，而在于伦理思想。就哲学理论而言，它可以采纳道家的思想，可以采纳阴阳家的思想，也可以采纳佛教的思想。就政治主张而言，它可以采纳法家的思想，可以采纳名家的思想，也可以采纳黄老学派的思想。事实上，在二千多年的历史发展中，儒家始终没有形成一套定型的哲学理论和政治主张，而是适应不同历史时期的需要和思想斗争的形势，不断地吸收其他各家的思想而改变自己的形态。虽然如此，儒家并没有成为杂家，它的学派特征还是十分鲜明的，原因就在于它有一套自己的一脉相承的定型的伦理思想。这套伦理思想早在孔子创立儒家学派的时候就已经定型化了。”参见余敦康《中国哲学论集》，辽宁大学出版社，1998 年版，第 1 页。蔡仁厚亦云：儒家“王者的礼乐典制，是业绩；而所以构造此礼乐典制的指导原则，则是道。业绩不可传，可传的是道。”参见蔡仁厚《孔孟荀哲学》，台北：台湾学生书局，1984 年版，第 47 页。

② 见《论语·尧曰》。

道》）的传承谱系。其次，是批判异端的正统意识。孔子在世时就曾有“攻乎异端，斯害也已”（《论语·为政》）的呼吁。孔子身后，这种正统意识不仅表现为对儒家之外学说“距杨墨，放淫辞”（《孟子·滕文公上》）的攻击，也包括以荀子“非十二子”为代表的儒家内部争论。在韩愈《原道》中的“斯吾所谓道也，非向所谓老与佛之道也”，所表现的正是这种正统意识。宋明时期的道、气、心、性之争，也可以视做这种正统意识的表现。再次，是以实现理想为己任的弘道意识。孔子的“人能弘道，非道弘人”（《论语·卫灵公》）被后世儒者奉为科律，孟子“当今之世，舍我其谁”（《孟子·公孙丑下》）的豪言，展现出儒者以弘道者自居的气概。这种弘道意识在《大学》中被具体化为修、齐、治、平的实践条目，而张载的“为往圣继绝学，为万世开太平”，则无疑是儒者弘道意识的极致化表述。

和上述道统思想的三个特征对照，我们会发现，这些道统意识在《法言》中都得到了明确的表述。扬雄以“适尧、舜、文王者为正道”（《法言·问道》），又盛赞“尧、舜之道皇兮，夏、殷、周之道将兮，而以延其光兮”（《法言·孝至》），这无疑鲜明地表达了对尧舜之道的认同；他“窃自比孟子”（《法言·吾子》），厉斥申韩，揭批“羊质虎皮”的假儒学，不仅捍卫正统的立场坚定，而且以孟子一脉为儒学主流的认识先于韩愈八百年之久；《法言·学行》篇中，扬雄对诸儒“金口而木舌”和“有教立道，无止仲尼；有学术业，无止颜渊”的呼吁，堪称弘扬圣道的倡议书。

谈到道统，还有一项很重要的内容，那就是“一线相承”之“道”的载体——圣人。梁廷枏在《正统道统论》中有一句极为精辟的话：“道本空虚无形之物，寄于圣贤之身则有形，有形故曰‘统’。”[①] 儒家之“道”能够成“统”，靠的是历代圣贤的传承之功，没有圣贤，也就无所谓道统。从这个意义上说，似乎扬雄也应在道统中有一席之位。在前文的分析中，笔者提出，扬雄壮年以后的创作活动是在成圣心态下进行的，而《法言》一书是扬雄表述其成圣志向、阐述其内圣外王思想之作。如果笔者的这一推测能够成立，那么扬雄位列道统谱系并非空穴之谈。尽管《太玄》尚有“黄老”之嫌，但《法言》的“纯净性”足以使其成为有功于道统的经典之作。要而言之，司马光等唐宋诸儒对扬雄的颂扬，不应被视为无稽之谈。

那么，扬雄这位有功于圣人之学的儒者，何以遭到弘道功臣朱熹等人的激烈批判呢？韦政通先生分析认为：“朱子评论历史人物，一向喜用道德判断，忽略了时代和处境的因素，对人缺乏同情的了解，实不足为训。”[②] 相比之下，蓝秀隆的分析较之韦氏细致、深入，他将朱熹与司马光对扬雄的评价加以对比说：

> 朱子与温公皆理学名儒，其于杨雄所以或褒焉，或贬焉，不同如此者，一处北宋治平无事之时，一居南渡颠沛危憾之日，譬人之一身，当在健康时，或不知参苓之可贵，当处治平时，或不知气节之为重，而气节者乱世续命之参苓也。故朱子以雄为见危不能授命，而依违濡忍，身事二主，故贬雄者，所以励气节也，其用心亦深矣！[③]

---

① 转引自黄进兴：《优入圣域——权利、信仰与正当性》，陕西师范大学出版社，1998 年版，第 179 页。

② 韦政通：《中国思想史》上，上海书店，2003 年版，第 341 页。

③ 蓝秀隆：《杨子法言研究》，文津出版社，1989 年版，第 184—185 页。

不管是“缺乏同情的了解”，还是不同的评价背景，扬雄受累于仕莽是不争的事实。笔者在第一章第三节曾分析推测，扬雄和王莽之间并无多少文章可做，但就是那篇“随手应付”的《剧秦美新》，在扬雄身后给他带来了无尽的诟病。这不仅仅是扬雄个人的遗憾，也是儒学自身历史窘困的一个折射。

前文已经提到，自觉认同于尧、舜、禹、文、武、周公的价值理念，是儒学的特质之一。儒家之所以极力赞扬三代政治，视尧舜禹时代为理想政治的范本，原因之一在于那是一个圣王一体、师道合一的时代，现实政治中的君王同时是道德领域的圣人。然而，儒学开山伊始，所面对的就是德位分离、君师异道的现实。儒家思想能成为中国传统文化的主干①，在某种意义上得益于“独尊儒术”以来官方意识形态的地位，而这一地位也使儒学面对着一个窘困：儒家的理想需要通过对现实政治施加影响来实现，而儒学的生存和发展又需要得到现实政治权力的庇护。对统治阶层而言，儒家理念的价值更多地被理解为凝聚人心、维系统治基础的工具。统治者一方面需要部分地实践儒家思想以树立自身形象，一方面又必然要求儒学为适应政治需要做出必要的理论调整。自汉代以来，儒学和现实政治始终处于这种相互影响、相互依存的关系之中。正如王船山指出的那样，儒家有一个圣贤相传的“道统”，同时一个帝王相续的“治统”也是客观的存在：

> 天下所极重而不可窃者二：天子之位也，是为治统；圣人之教也，是为道统。（《读通鉴论》卷十三）

---

① 道家和儒家何为中国传统文化的主干，20 世纪 90 年代以来成为学界争论的一个问题。笔者在这一问题上同意儒家主干说。

> 儒者之统，与帝王之统并行于天下，而互为兴替。其合也，天下以道而治，道以天子而明。及其衰，而帝王之统绝……（《读通鉴论》卷十五）

道统与治统相互依存、相辅相成，二者之间若即若离的关系共同谱写了中国文化史和政治史的一页页篇章。

据黄进兴先生考证，以孔门弟子和后世大儒配祀孔庙，至迟在东汉时期已成定制[①]。此后，孔庙殿庑内的从祀配享者屡有变迁，从祀者的增减折射出道统与治统在不同历史境遇下的微妙关系。检索史籍，我们发现这样几条信息：宋神宗熙宁七年，判国子监常秩等请立孟轲、扬雄像于庙廷（《宋史·神宗本纪》）；元丰七年，陆长愈请立孟子配享，诏下孟子配享，又荀况、扬雄、韩愈配享，以世次先后从祀二十一贤（《宋史·礼志·文宣王庙》）；而《明史·礼志·至圣先师孔子庙祀》和《明太祖实录》卷二百四十五记录了同样一条信息：洪武二十九年，杨砥建言，黜扬雄从祀，以董仲舒入祀，罢祀扬雄的理由是"臣事贱莽"。

扬雄曾进入孔庙的经历，说明他有功于道统曾是朝堂君臣的共识；而其被驱赶出从祀行列的事实，也反映出封建社会后期治统对于道统的绝对优势。对扬雄评价的起伏和道统与治统关系对比的曲线，表现出了惊人的吻合。

如果说我们对《法言》的解读可以在某种意义上为扬雄正名，那么面对历史上扬雄遭受的种种际遇，我们又该做何感想？是耶？非耶？憾耶？悲耶？……

---

① 参见黄进兴《优入圣域——权利、信仰与正当性》，陕西师范大学出版社，1998年版，第256页。

参考文献

一、书目

1.《史记》《汉书》《后汉书》，中华书局，2002年版。

2.《两汉纪》，荀悦、袁宏，中华书局，2002年版。

3.《资治通鉴》，司马光著，胡三省音注，中华书局，1956年版。

4.《全上古三代秦汉三国六朝文》，严可均辑，商务印书馆，1999年版。

5.《春秋左传注》，杨伯峻编，中华书局，1990年版。

6.《廿二史札记》，赵翼，辽宁教育出版社，2000年版。

7.《中古文学系年》，陆侃如，人民文学出版社，1985年版。

8.《法言义疏》，汪荣宝撰，陈仲夫点校，中华书局，1987年版。

9.《扬子法言》，《诸子集成》本，中华书局，1954年版。

10.《太玄集注》，（汉）扬雄撰，（宋）司马光集注，刘韶军点校，中华书局，1998 年版。

11.《太玄校释》，（汉）扬雄原著，郑万耕校释，北京师范大学出版社，1989 年版。

12.《扬雄集校注》，林贞爱校注，四川大学出版社，2001 年版。

13.《法言注》，（汉）扬雄撰，韩敬注，中华书局，1992 年版。

14.《老子指归》，（汉）严遵著，王德有点校，中华书局，1994 年版。

15.《诸子平议》，俞樾，上海书店，1988 年版。

16.《扬子法言译注》，李守奎、洪玉琴译注，黑龙江人民出版社，2003 年版。

17.《法言全译》，韩敬译注，巴蜀书社，1999 年版。

18.《论语正义》，（清）刘宝楠撰，高流水点校，中华书局，1990 年版。

19.《孟子正义》，（清）焦循撰，沈文倬点校，中华书局，1987 年版。

20.《荀子集解》，（清）王先谦著，沈啸环，王星贤点校，中华书局，1988 年版。

21.《周易古经今注》，高亨，中华书局，1984 年版。

22.《周易大传今注》，高亨，齐鲁书社，1979 年版。

23.《韩非子集解》，（清）王先慎撰，钟哲点校，中华书局，1998 年版。

24.《老子校释》，朱谦之撰，中华书局，1984 年版。

25.《庄子集释》，郭庆藩辑，王孝鱼整理，中华书局，1961 年版。

26.《新语校注》，王利器撰，中华书局，1986 年版。

27.《淮南鸿烈集解》，刘文典撰，冯逸、乔华点校，中华书局，1989 年版。

28.《盐铁论校注》，（汉）桓宽撰，王利器校注，中华书局，1992 年版。

29.《春秋繁露义证》，（汉）董仲舒著，（清）苏舆撰，钟哲点校，中华书局，1992 年版。

30.《白虎通疏证》，（汉）班固著，（清）陈立撰，吴则虞点校，中华书局，1994 年版。

31.《论衡校释》，（汉）王充著，黄晖撰，中华书局，1990 年版。

32.《潜夫论笺校正》，（汉）王符著，（清）汪继培笺注，彭铎校正，中华书局，1985 年版。

33.《扬雄评传》，《张岱年全集》第五卷，河北人民出版社，1998 年版。

34.《扬雄及其太玄》，郑万耕，（台北）蓝灯文化事业股份有限公司，1992 年版。

35.《一位玄静的儒学伦理大师——扬雄思想初探》，黄开国，巴蜀书社，1989 年版。

36.《杨子法言研究》，蓝秀隆，（台北）文津出版社，1989 年版。

37.《扬雄评传》，王青，南京大学出版社，2000 年版。

38.《扬雄方言研究》，刘君惠等，巴蜀书社，1992 年版。

39.《国史大纲》（修订本），钱穆，商务印书馆，1996 年版。

40.《秦汉史》，吕思勉，上海古籍出版社，1983 年版。

41.《剑桥中国秦汉史》，（英）崔瑞德、（英）鲁惟一著，杨品泉等译，中国社会科学出版社，1992 年版。

42.《观堂集林》，王国维，中华书局，1959 年影印版。

43.《汉晋学术编年》（上），刘汝霖，中华书局，1987 年版。

44.《中国学术流变》，冯天瑜、邓建华、彭池编，华东师范大学出版社，2003 年版。

45.《古学甄微》，蒙文通，巴蜀书社，1987 年版。

46.《经学历史》，（清）皮锡瑞，中华书局，1959 年版。

47.《经学通论》，（清）皮锡瑞，中华书局，1954 年版。

48.《两汉经学今古文平议》，钱穆，商务印书馆，2001 年版。

49.《周予同经学史论著选集》，周予同，上海人民出版社，1983 年版。

50.《中国经学史》，马宗霍，上海书店，1984 年版。

51.《西汉经学与政治》，汤志钧等，上海古籍出版社，1994 年版。

52.《徐复观论经学史二种》，徐复观，上海书店，2002 年版。

53.《今古文经学新论》，王葆玄，中国社会科学出版社，1997 年版。

54.《中国经学思想史》（第一、二卷），姜广辉主编，中国社会科学出版社，2003 年版。

55.《两汉经学与社会》，孙筱，中国社会科学出版社，2002 年版。

56.《经学与汉代社会》，张涛，河北人民出版社，2001 年版。

57.《儒学与汉代社会》，刘厚琴，齐鲁书社，2002年版。

58.《谶纬论略》，钟肇鹏，辽宁教育出版社，1991年版。

59.《士大夫政治演生史稿》，阎步克，北京大学出版社，1996年版。

60.《士与中国文化》，余英时，上海人民出版社，1987年版。

61.《秦汉士史》，于迎春，北京大学出版社，2000年版。

62.《中国儒家学术思想史》，刘蔚华、赵宗正主编，山东教育出版社，1996年版。

63.《孔孟荀之比较》，中国孔子基金会编，社会科学文献出版社，1994年版。

64.《中国圣人论》，王文亮，中国社会科学出版社，1993年版。

65.《优入圣域——权利、信仰与正当性》，黄进兴，陕西师范大学出版社，1998年版。

66.《中国儒教史》，李申，上海人民出版社，1999年版。

67.《中华道统思想发展史》，蔡方鹿，四川人民出版社，2003年版。

68.《汉代学术史略》，顾颉刚，东方出版社，1996年版。

69.《秦汉思想史》，周桂钿，河北人民出版社，2000年版。

70.《汉代思想史》，金春峰，社会科学出版社，1997年版。

71.《两汉思想史》，徐复观，华东师范大学出版社，2001年版。

72.《两汉思想史》，祝瑞开，上海古籍出版社，1989年版。

73.《中国思想史论》（上），李泽厚，安徽文艺出版社，1999年版。

74.《西汉礼学新论》，华友根，上海社会科学出版社，1998年版。

75.《秦汉礼乐教化论》，苏志宏，四川人民出版社，1991年版。

76.《秦汉新道家》，熊铁基，上海人民出版社，2001年版。

77.《汉代学术史》，王铁，华东师范大学出版社，1995年版。

78.《两汉精神世界》，袁济喜，中国人民大学出版社，1994年版。

79.《张岱年全集》第二、四、五卷，河北人民出版社，1996年版。

80.《中国思想通史》，第二卷，侯外庐等，人民出版社，1957年版。

81.《中国哲学史》（两卷本），冯友兰，华东大学出版社，2000年版。

82.《中国哲学史新编》，冯友兰，人民出版社，1998年版。

83.《中国哲学发展史》秦汉卷，侯外庐等，人民出版社，1985年版。

84.《中国哲学史通论》，范寿康，三联书店，1983年版。

85.《中国思想史》(上)，韦政通，上海书店，2003年版。

86.《中国思想史》第一卷，葛兆光，复旦大学出版社，2001年版。

87.《易学哲学史》，朱伯崑，华夏出版社，1995年版。

88.《先秦伦理学概论》，朱伯崑，北京大学出版社，1984年版。

89.《中国人性论史》（先秦篇），徐复观，上海三联书店，

2001 年版。

90.《孔孟荀哲学》，蔡仁厚，（台湾）学生书店，1984 年版。

91.《中国哲学史上的人性问题》，傅云龙，求实出版社，1982 年版。

92.《儒家心性论》，韩强，经济科学出版社，1998 年版。

93.《中国哲学论集》，余敦康，辽宁大学出版社，1998 年版。

94.《公羊学引论》，蒋庆，辽宁教育出版社，1995 年版。

95.《中国儒教史》上册，李申，上海人民出版社，1999 年版。

96.《巴蜀哲学史稿》，黄开国、邓星盈，四川人民出版社，2001 年版。

97.《中国哲学史问题讨论专辑》第二集，哲学研究编辑部编辑，科学出版社，1957 年版。

98.《唐君毅全集》第十三卷，台湾学生书局，1989 年版。

99.《中国伦理学史》，蔡元培，东方出版社，1996 年版。

100.《先秦两汉人性论与教育思想研究》，廖其发，重庆出版社，1999 年版。

101.《中国哲学史大纲》，胡适著，东方出版社，1996 年版。

二 论 文

1.《扬雄思想平议》，吴则虞，《哲学研究》1957 年第 6 期。

2.《论扬雄在中国哲学史上的地位》，张聿飞，《哈尔滨师范学院学报》1962 年第 1 期。

3.《跋扬雄法言卷十、卷十一》，白寿彝，《北京师范大学学报》（社会科学版）1963 年第 3 期。

4.《扬雄伦理思想发微》，郑万耕，《北京师范大学学报》1990 年第 6 期。

5.《扬雄〈法言〉的文化守成主义》，杨海文，《学术研究》1997 年第 9 期。

6.《扬雄的史学思想》，郑万耕，《史学史研究》1998 年第 2 期。

7.《扬雄身心观述评》，郑万耕，《河北师范大学学报》（哲学社会科学版）2004 年第 3 期。

8.《扬雄思想研究》，韩敬，《研究集刊》1980—1981 年连载。

9.《扬雄与两汉思想》，许结，《中国哲学史研究》1988 年第 4 期。

10.《扬雄及其法言》，韩敬，《社会科学研究》1982 年第 4 期。

11.《扬雄法言的人论及其意义》，黄开国，《江西社会科学》1989 年第 4 期。

12.《以“通儒”“通人”为体现的汉代经术新变》，于迎春，《中州学刊》1996 年第 4 期。

13.《司马迁与班固》，白寿彝，《北京师范大学学报》（社会科学版）1963 年第 4 期。

14.《论太玄的哲学体系》，韩敬，《中国哲学史研究》1982 年第 1 期。

15.《〈扬子法言〉历代校注本传录》，王菡，《文献》1994

年第 3 期。

16.《论扬雄哲学的玄范畴》，黄开国，《社会科学研究》1990 年第 1 期。

17.《扬雄的诸子学和儒学批判论》，黄开国，《重庆社会科学》1988 年第 2 期。

18.《东汉时期思想变迁略论》，韩敬，《孔子研究》1991 年第 3 期。

19.《经学与汉代士人心态》，张涛，《山东大学学报》（哲学社会科学版）1996 年第 2 期。

20.《〈剧秦美新〉非“谀文”辩》，许结，《学术月刊》1985 年第 6 期。

21.《诸子学的历史命运》，郭齐勇，《社会科学战线》1997 年第 1 期。

22.《试谈扬雄〈法言〉的思想倾向》，石晓宁，《沈阳师院学报》（社会科学版）1997 年第 1 期。

23.《扬雄、桓谭、王充间的思想承传关系》，姜书阁，《湘潭大学学报》（社会科学版）1994 年第 3 期。

24.《扬雄附莽辩》，周金华，《上饶师专学报》（哲学社会科学版）1988 年第 6 期。

25.《刘向刘歆扬雄之比较》，孟繁冶，《许昌师专学报》1991 年第 3 期。

26.《“第二部〈论语〉”——〈法言〉述评》，李英华，《孔子研究》1997 年第 2 期。

27.《扬雄的性“善恶混”论实际是荀况的性恶论》，郑文，《西北师大学报》（社会科学版）1997 年第 7 期。

28.《扬雄身后褒贬评论考议》，杨世明，《四川师院学报》2001

年第 3 期。

29.《扬雄信道的思想特质》，雷健坤，《学术月刊》1997 年第 9 期。

30.《扬雄至京、待诏、奏赋、除郎的年代问题》，杨福泉，《上海大学学报》（社会科学版）2002 年第 1 期。

31.《儒家“圣人”观念的早期形态及其变异》，王中江，《中国哲学史》1999 年第 4 期。

32.《论王阳明与贵州少数民族》，王路平，《孔子研究》2000 年第 6 期。

33.《荀子的乐论与性恶论》，韩德民，《浙江社会科学》2001 年第 5 期。

后 记

现在呈现给各位师友的这本习作，是我博士毕业论文的修改稿。翻开当初的打印稿，我看到了当初“后记”中的一段文字：

种种因缘际会，也为了却寻访先贤足迹之愿，笔者曾到四川，在成都附近度过了七十余天的时间。巴山蜀水的灵秀使我顿悟天府之国人才辈出的根由；崎岖山径上背夫的身影，向我诠解着川人品性中的坚韧与执着。站在泰安寺观音楼的台阶上，远眺雾霭重重的青城山，耳边萦绕着钟磬之声和比丘师们沁心宁神的梵呗，那一刻，我豁然领悟到了扬子大赋何以“志隐而味深”。笔者曾两度到郫县寻访，试图拜谒资料中提到的扬子故里，惜乎未能如愿。为了搞到一张返京车票，我冒着成都 2005 年的第一场雪，在火车站附近小巷里与票贩子们周旋，当时心里忽然不乏戏谑地感慨：当年扬子入京，当是何等之不易！西南地区最大的文庙就在成都地区的崇州，庙内的青苔秀竹显示出与北方孔庙不同的韵味。我与在庙内相遇的一位老者谈起巴蜀名人，老者有些激动地向我这个外地人历数刘文彩生前的善行，显然意在为这位曾臭名昭著的大地主平反。而当笔者提及扬雄这个词，老者颇为不屑地言道，四川以卧龙的大熊猫驰名世界，根本不养熊。返京途中，这令人啼笑皆非的一幕又浮现于脑海，望着车窗外苍凉的秦岭北峰，我忽然想到唐人卢照邻的诗句“寂寂寥寥扬子居，年年岁岁一床书”。以成圣为毕生信念的扬雄果然是寂寥的，无论生前还是死后，但这又何妨他的伟大。三部著作穿透历史的迷雾，足以奠定他在两汉历史上一流思想家的地位。

选题确立之后，笔者不惴鲁顿，苦心神游冥思，以期觅求对扬子的“同情之了解”。透过扬雄著作和历代先贤记述，表面玄默沉静、内心充荡着成圣之志的扬子形象在我心中日渐清晰、丰满；与子云跨越时空的心感神交每每激起我为扬子正名、争位的冲动。承蒙评委会各位先生抬爱，拙作得以入选“儒道释博士论文丛书”并由巴蜀书社出版，令我备感欣慰。

七年前，我负笈北上、求学京师。六年间的种种欢畅与艰辛，始终萦绕心头、挥之不去。我要感谢诸位师友几年来对我的关心和帮助，希望这本习作的出版能够多少回报大家的殷殷之心。

拙作的选题、构思和写作，始终得到郑万耕先生的悉心指导，论文赴梓之际，先生又拨冗赐序；巴蜀书社周田青先生为本书的出版付出了诸多辛苦。对各位先生和师友的支持，不才深表谢意！书中缺点和不足，诚请方家指正。

2006 年 6 月记于石门

再版后记

2018年，是扬雄逝世两千周年。扬雄身后的二十个世纪里，尽管“西蜀子云亭”是文人心中“何陋之有”的典雅符号，但现实中的“扬子居”却总是那么“寂寂寥寥”。两千年来对扬雄的褒贬扬抑，在中国文化史上勾勒出一条跌宕的曲线。这条曲线折射出每个时代的国运兴衰与文脉显隐，也反映出不同政治环境中士子内心的波澜。在孔子学院遍布世界的今天，在文化自信和迎接中华文化复兴的语境中，我们又该如何臧否这位两千年前的玄默先哲呢？

2002年，我有幸考入北师大攻读博士学位，《扬雄〈法言〉思想研究》是我三年学习生活的阶段性成果。承蒙各位专家的提携，拙作得以入选“儒道释博士论文丛书”第八批书目，2006年由巴蜀书社出版。2008年，这本小书得到了中央党校组织的各位专家学者的青睐，侥幸获得第7届全国党校系统优秀科研成果一等奖。到今年，拙作出版问世十二年了。十二年，恰是中国生肖纪年的一个轮回。在又一个我幸运生肖的狗年，小书荣幸地获得了再版的机会。

小书再版之际，并无多少欣喜可言，心中泛起的是一阵阵惭愧。虽生性心怡书斋文墨，但生活难脱稻粱羁縻，从业后没能潜心学问，一直愧对师友厚爱。当年的博士论文被恩师称做“还算个玩意”，多年来常常引以为自豪，但每每看到恩师在初版序言中对我“心无旁骛”的谆谆告诫，不禁汗颜不已。论文出版后，学界师友多有反馈，或肯定鼓励，或指点品评，其中不乏中肯建议。面对文中推敲不细琢磨不精的斑驳瑕疵，也曾有过修改甚至增订的冲动，惜乎难有机缘遂愿。如今虽有再版良机，但因时间仓促，更主要的是由于自己近年来的荒疏懈怠，只能订正原文中的一些错误，调整一些表述用语而已，曾经有过的一些构思设想，尤其是师友们的希望建议，不能一一如愿落实。所以，现在呈现给各位的，仍然是留有诸多遗憾、等待方家斧正的习作。

感恩给我鼓励并付出辛苦的巴蜀书社各位专家，感恩多年来给我关心和爱护的各位师长，感恩给我包容和帮助的各位同事朋友。在此，我虔诚地为各位祈福！

2018 年惊蛰日，于石门汇翠家园

图书在版编目（CIP）数据

扬雄《法言》思想研究（修订版）/郭君铭著．—成都：巴蜀书社，2017.12
（扬雄研究系列丛书）
ISBN 978-7-5531-0880-3

Ⅰ．①扬…　Ⅱ．①郭…　Ⅲ．①古典哲学—中国—西汉时代②《法言》—研究 Ⅳ．①B234.992

中国版本图书馆 CIP 数据核字（2017）第 258200 号

扬雄《法言》思想研究（修订版）　　郭君铭　著

责任编辑	陈亚玲
封面设计	冀帅吉
出　　版	巴蜀书社 成都市槐树街 2 号　邮编 610031 总编室电话：(028)86259397
网　　址	www.bsbook.com
发　　行	巴蜀书社 发行科电话：(028)86259422　86259423
经　　销	新华书店
照　　排	四川胜翔数码印务设计有限公司
印　　刷	四川五洲彩印有限责任公司
版　　次	2018 年 3 月第 2 版
印　　次	2018 年 3 月第 1 次印刷
成品尺寸	148mm×210mm
印　　张	7
字　　数	200 千
书　　号	ISBN 978-7-5531-0880-3
定　　价	30.00 元